科普惠农系列出版物　乡村振兴农民科学素质提升

乡村振兴
农民科学素质读本

XIANGCUN ZHENXING
NONGMIN KEXUE SUZHI DUBEN

中国科协科学技术普及部
农业农村部科技教育司　编著
中 国 农 学 会

科学普及出版社
·北 京·

图书在版编目（CIP）数据

乡村振兴农民科学素质读本 / 中国科协科学技术普及部，农业农村部科技教育司，中国农学会编著. -- 北京：科学普及出版社，2020.11（2023.11重印）
ISBN 978-7-110-10177-3

Ⅰ. ①乡… Ⅱ. ①中… ②农… ③中… Ⅲ. ①农民－素质教育－中国－通俗读物 Ⅳ. ①D422.6-49

中国版本图书馆CIP数据核字(2020)第195084号

策划编辑	李　洁
责任编辑	李　洁
封面设计	金彩恒通
正文设计	金彩恒通
责任校对	焦　宁
责任印制	徐　飞

出　　版	科学普及出版社
发　　行	中国科学技术出版社有限公司发行部
地　　址	北京市海淀区中关村南大街16号
邮　　编	100081
发行电话	010-62173865
传　　真	010-62173081
网　　址	http://www.cspbooks.com.cn

开　　本	880mm×1230mm　1/32
字　　数	120千字
印　　张	6.375
印　　数	53001—56000册
版　　次	2020年11月第1版
印　　次	2023年11月第10次印刷
印　　刷	北京荣泰印刷有限公司
书　　号	ISBN 978-7-110-10177-3/D・867
定　　价	25.00元

（凡购买本社图书，如有缺页、倒页、脱页者，本社发行部负责调换）

本书指导委员会

主　　任：白　希　周云龙　胡义萍
副主任：廖　红　张　晔　吴金玉
委　　员：刘　俊　黄晓春　曹子祎　冯　剑
　　　　　边全乐　冯桂真　廖丹凤

本书编写委员会

主　　编：冯桂真
副主编：廖丹凤　李　昂　陈　吉
编　　委（按姓氏笔画排序）：
　　　　　马俊哲　王长海　冯桂真　刘建军　李玉梅
　　　　　李　昂　李　亮　吴惠芳　张　楠　陈　吉
　　　　　陈永梅　高宝帧　唐　芹　廖丹凤
策　　划：冯桂真　李　亮

前 言

实施乡村振兴战略，促进农业农村优先发展，需要强有力的人才支撑。农民是乡村振兴的主体，全面提升农民素质是乡村振兴的关键所在。自2006年国务院颁布实施《全民科学素质行动计划纲要（2006—2010—2020）》以来，原农业部、中国科协会同有关部委共同实施农民科学素质行动，农民科学素质和农村科普工作得到显著提升，但对照实施乡村振兴战略的要求，当前农村科技人才匮乏、农民适应生产力发展和市场竞争的能力不足的现象依然存在。据统计，2018年农村居民科学素质比例仅为4.93%，远低于全国公民8.47%的平均水平。因此，实施乡村振兴战略和全民科学素质行动计划，短板在农村、在农民，难点是农民素质尤其是农民科学素质的提升。

按照《乡村振兴农民科学素质提升实施方案》工作要求，中国农学会充分发挥专家及自身科普优势，立足"三农"实际，围绕乡村振兴"产业兴旺、生态宜居、乡风文明、治理有效、生活富裕"的总体要求，突出乡村经济、政治、文化、社会、生态文明"五位一体"的发展任务，紧扣农民科学生产、科学经营、科学生活的现实需要，组织相关专家编创了《乡村振兴农民科学素质读本》科普图书，旨在向广大农民朋友宣传党的强农惠农政策，普及现代农业科学知识，弘扬科学精神，倡导乡风文明，引导他们树立科学生产、健康生活、协调发展的现代化新理念，不断提升农业生产水平和广大农民朋友的生活质量，有效推动农村全面发展和乡村全面振兴。

读本分为综合篇、产业兴旺篇、生态宜居篇、乡风文明篇、治理有效篇和生活富裕篇六部分。内容涵盖科学知识和科学方法，体现科学的本质，崇尚科学精神和科学态度，强调科学与社会、科学与人文的结合，落脚点在提升农民朋友应用科学处理实际问题、参与公共事务的能力上，以期全面提升农民的科学素养。

读本采用"问答"形式，图文并茂，通俗易懂；采用现代融媒体手段，读者可以通过扫描二维码观看相配套的10多个视频，增强了读本的直观性、体验感，提升了读本的可读性与趣味性。

在读本编创过程中，得到了中国科协科普部、农业农村部科技教育司的大力支持；中国农科院、中国农业大学、中华医学会、中国环境科学学会、中央农业广播电视学校、北京农业职业学院、山东省招远市农业技术推广中心等单位的有关专家付出了辛勤的劳动；河北省科学技术协会教授许顺斗、河南省农学会推广研究员刘亚平、江西省家庭农场联合会会长吕泽新、四川省攀枝花市农林科学研究院高级农艺师滕志、四川省青神县科学技术协会主席滕薇、山东省泰安市板栗协会高级农艺师王雅红、山东省晋州市怡嘉乐家庭农场农场主李苍英等给予读本大纲的修改提供了真诚的帮助，在此一并谨致谢忱！

希望这本凝聚多位专家、科普工作者及基层农民朋友心血与智慧的科普图书，能为乡村振兴农民科学素质提升略尽绵薄之力！

本书编委会
2020 年 7 月

目录

综合篇

1. 为什么说乡村振兴战略是社会主义新农村建设的升级版? ……… 2
2. 实施乡村振兴战略有何重大意义? ……… 4
3. 实施乡村振兴战略的各阶段目标是什么? ……… 6
4. 乡村振兴战略推进的重点包括哪些? ……… 7
5. 实施乡村振兴战略为什么要强调规划先行? ……… 10

产业兴旺篇

6. 什么是农业现代化? ……… 14
7. 什么是物联网?在农业种植、养殖中怎么运用物联网? ……… 16
8. 什么是智慧农业?5G时代能给农业带来哪些好处? ……… 18
9. 什么是大数据?大数据在农业上都有哪些应用? ……… 20
10. 什么是农业机械化?哪些作物已经实现了机械化? ……… 22
11. 什么是农业机器人?它能给农业生产带来什么便利? ……… 24
12. 什么是纳米技术?纳米技术在农业生产中有哪些应用? ……… 26
13. 什么是转基因技术?转基因技术主要应用在哪些领域? ……… 28

14. 什么是高效节水灌溉技术？农业生产中都有哪些形式？……… 30

15. 什么是水肥一体化技术？水肥一体化技术有什么好处？……… 32

16. 什么是农作物病虫害绿色防控？它有哪些好处？……………… 34

17. 怎样通过农业防治措施防治病虫草害？…………………………… 36

18. 怎样通过物理防治措施防治病虫草害？…………………………… 37

19. 怎样通过生物防治措施防治病虫草害？…………………………… 38

20. 土壤板结会对农作物造成哪些影响？如何防治和改善？……… 39

21. 什么是休耕？为什么要休耕？……………………………………… 42

22. 什么叫保护性耕作？………………………………………………… 44

23. 连作（连茬）对作物、土壤有哪些危害？……………………… 45

24. 农作物轮作（换茬）有哪些好处？……………………………… 46

25. 农作物如何进行轮作（换茬）与套种？………………………… 47

26. 蔬菜怎么安排轮作（换茬）？…………………………………… 49

27. 什么是稻田综合种养技术？……………………………………… 51

28. 什么是质量安全的农产品？……………………………………… 53

29. 什么是食用农产品合格证制度？………………………………… 54

30. 什么是绿色食品？………………………………………………… 55

31. 什么是有机农业？什么是有机食品？…………………………… 56

32. 什么是农产品地理标志？………………………………………… 58

33. 什么是农业社会化服务？它能给农户带来哪些好处？………… 59

34. 农业社会化服务有哪些形式？…………………………………… 60

35. 什么是休闲农业？发展休闲农业有哪些好处？………………… 61

36. 发展休闲农业需要哪些资源？…………………………………… 63

37. 什么是新型农业经营主体？主要有哪些特点？ ………… 65
38. 新型农业经营主体大致包括哪些类型？ ……………… 67
39. 为什么要对农产品进行分级和包装？ ………………… 70
40. 什么是电子商务？有什么优势？ ……………………… 71
41. 如何应用 B2B、B2C、C2C 型电子商务？ …………… 73

生态宜居篇

42. 为什么说保护环境与致富增收不矛盾呢？ …………… 78
43. 什么是农业面源污染？如何防治？ …………………… 80
44. 什么是农业面源污染的"一控两减三基本"？ ……… 83
45. 怎么才能既减少施用化肥又保证粮食增产呢？ ……… 84
46. 什么是农业废弃物？ …………………………………… 87
47. 秸秆如何变废为宝？ …………………………………… 88
48. 人畜粪便随意丢弃会有什么危害？ …………………… 90
49. 什么是沼气生产技术？ ………………………………… 91
50. 什么是果（菜、茶）沼畜循环农业技术模式？ ……… 92
51. 农村的"白色污染"是什么？怎么处理呢？ ………… 93
52. 怎么进行农田残膜污染综合防控？ …………………… 95
53. 对病死的畜禽怎么进行无害化处理？ ………………… 97
54. 农药包装废弃物怎么回收利用和集中处置呢？ ……… 99
55. 剩余药液应该如何处理？ ……………………………… 101

56. 什么是外来生物入侵？如何防治外来生物入侵？ ………… 102

57. 农村恶臭主要来自哪里？ ………………………………… 104

58. 什么是农村厕所革命？ …………………………………… 105

59. 什么是无害化卫生厕所？对其都有什么要求？ ………… 106

60. 如何防治农村生活垃圾污染？ …………………………… 107

61. 如何进行农村生活垃圾分类？ …………………………… 108

62. 保护农村大气环境，我们能做些什么？ ………………… 110

63. 保护农村土壤环境，我们能做些什么？ ………………… 111

乡风文明篇

64. 什么是社会主义核心价值观？ …………………………… 114

65. 为什么说乡风文明是乡村振兴的灵魂？ ………………… 116

66. 什么是乡土文化？ ………………………………………… 118

67. 如何传承和保护乡土文化？ ……………………………… 120

68. 什么是乡村特色文化产业？ ……………………………… 122

69. 如何打造传统民俗文化产业？ …………………………… 123

70. 什么是农业文化遗产？ …………………………………… 125

71. 我国有哪些全球性重要农业文化遗产？ ………………… 126

72. 跳广场舞有什么好处？ …………………………………… 128

73. 在农村怎样举办好一场文艺演出？ ……………………… 130

74. 为什么说农村"高彩礼"是不好的风俗？ ……………… 132

75. 农村办理丧事有哪些不好的风气? ············ 134

76. 应该怎样孝敬老人? ············ 136

77. 农村邻里纠纷该如何解决? ············ 138

78. 什么是邪教?怎样识别邪教? ············ 140

79. 封建迷信有哪些危害? ············ 142

治理有效篇

80. 为什么说乡村治理是乡村振兴的重要基础? ············ 146

81. 什么是"一核心三治结合"乡村治理体系? ············ 148

82. 为什么说乡村党组织是实现乡村治理的保证? ············ 150

83. 在乡村治理中怎么发挥共产党员的先锋模范作用? ············ 151

84. 什么是村民自治? ············ 152

85. 什么是法治乡村? ············ 153

86. 什么是村规民约? ············ 155

87. 村规民约与法律发生冲突时怎么办? ············ 156

88. 新的农村土地承包政策"两不变、一稳定"指的是什么? ········ 157

89. 新的农村土地承包政策对进城农户的承包地有何规定? ········· 159

90. 农村土地买卖是否合法? ············ 160

91. 我国《民法典》规定的法定继承人的范围、继承顺序和
    遗产分配原则是什么? ············ 162

92. 农村宅基地可以继承吗? ············ 164

93. 什么是乡村德治? ………………………………………… 165
94. 什么是农村"三务公开"制度? ………………………… 166
95. 如何加强平安乡村建设? ………………………………… 168

生活富裕篇

96. 为什么说乡村振兴首先要摆脱贫困? …………………… 172
97. 什么是农民增收的"四驾马车"? ……………………… 173
98. 新一轮农村集体产权制度改革的核心和目标是什么? … 175
99. 怎样推进健康乡村建设? ………………………………… 176
100. 应该养成怎样的健康生活方式? ……………………… 178
101. 什么是传染病?其传播的基本环节是什么? ………… 181
102. 针对传染病主要有哪些预防措施? …………………… 183
103. 什么是"新农合"? …………………………………… 186
104. 什么是"新农保"? …………………………………… 188
105. 什么是农村"低保"制度? …………………………… 190

综合篇

1 为什么说乡村振兴战略是社会主义新农村建设的升级版？

俗话说"芝麻开花节节高"，乡村振兴战略是社会主义新农村建设的升级版。为什么这么说呢？虽然两者对新农村都提出了"二十字"、五个方面的发展要求，但深入研究分析可以看出，乡村振兴战略用"**产业兴旺**"替代"生产发展"，要求在发展生产的基础上培育新产业、新业态和完善产业体系，使农村经济更加繁荣；用"**生态宜居**"替代"村容整洁"，要求在治理村庄脏乱差的基础上发展绿色经济、治理环境污染并进行少量村庄搬迁，使农村人居环境更加舒适；用"**治理有效**"替代"管理民主"，要求加强和创新农村社会治理，使农村社

会治理更加科学高效，更能满足农村居民需要；用"**生活富裕**"替代"生活宽裕"，要求按照全面建成小康社会奋斗目标和分两步走全面建设社会主义现代化强国的新目标，使农民生活更加富裕、更加美满。"**乡风文明**"四个字虽然没有变化，但内容进一步拓展、要求进一步提升。同社会主义新农村建设相比，**乡村振兴战略的内容更加充实，逻辑递进关系更加清晰，为在新时代实现农业全面升级、农村全面进步、农民全面发展指明了方向和重点。**

2 实施乡村振兴战略有何重大意义？

- 中华民族伟大复兴中国梦
- 实现"两个一百年"奋斗目标
- 解决新时代我国社会主要矛盾

乡村是具有自然、社会、经济特征的地域综合体，具有生产、生活、生态、文化等多重功能，与城镇互促互进、共生共存，共同构成人类活动的主要空间。乡村兴则国家兴，乡村衰则国家衰。我国人民日益增长的美好生活需求和不平衡不充分的发展之间的矛盾在乡村尤为突出，我国仍处于并将长期处于社会主义初级阶段的特征很大程度上也表现在乡村。全面建成小康社会和全面建设社会主义现代化强国，最艰巨、最繁重的任务在乡村，最广泛、最深厚的基础在乡村，最大的潜力和后劲也在乡村。所以，**实施乡村振兴战略，是解决新时代我国社会主要矛盾、实现"两个一百年"奋斗目标和中华民族伟大复兴中国梦的必然要求**，而且具有重大现实意义和深远历史意义。

3 实施乡村振兴战略的各阶段目标是什么？

按照2018年中央一号文件和中共中央、国务院印发的《乡村振兴战略规划（2018—2022年）》提出的目标任务，到 **2020** 年，乡村振兴取得重要进展，制度框架和政策体系基本形成；到 **2022** 年，乡村振兴的制度框架和政策体系初步健全；到 **2035** 年，乡村振兴取得决定性进展，农业农村现代化基本实现；到 **2050** 年，乡村全面振兴，农业强、农村美、农民富全面实现。

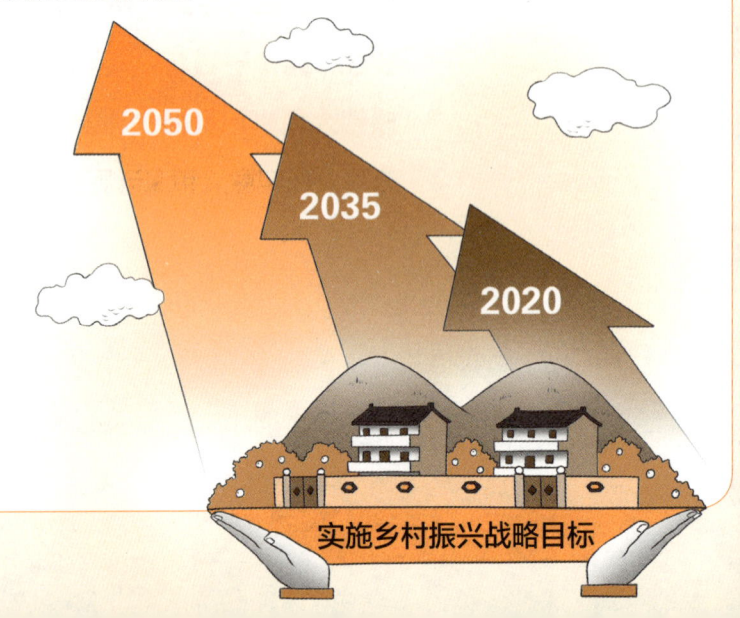

实施乡村振兴战略目标

4 乡村振兴战略推进的重点包括哪些？

综合篇

实施乡村振兴战略就是要抓重点、补短板。就当前来说，乡村振兴就是要重点推进乡村**产业振兴、人才振兴、文化振兴、生态振兴、组织振兴**，从而推动农业全面升级、农村全面进步、农民全面发展。

产业振兴是重要的物质基础。产业振兴是解决乡村一切问题的前提，乡村产业不振兴，其他方面的振兴都无从谈起。实际上，乡村的发展并不在于简单的政策支撑、财政支持，重要的是激发乡村发展的内生动力，让乡村成为人人向往的地方，让农民成为令人羡慕的群体，让农业成为极具吸引力的产业。

人才振兴是关键。俗话说，"功以才成，业由才广。"人是联系政策、资金、理念、项目的纽带，也是把乡村振兴战略具体落到实处的执行者。因此，实施乡村振兴战略，既要尊重人才，也要不拘一格选人才，更要大力引进人才，让各类人才在乡村振兴的过程中各尽所能，发光发热。

文化振兴是基石。文化是乡村的灵魂，文化兴、乡村兴。没有文化的振兴，没有文化的传承与创新，就谈不上真正意义上的乡村振兴。因此，要以社会主义核心价值观为引领，加强村风民俗和乡村道德建设，传承发展农村优秀传统文化，让人们记得住乡愁、留得住乡情。

生态振兴是内在要求。"绿水青山，就是金山银山。"良好的生态环境是乡村的最大优势和宝贵财富。实施乡村振兴战略，就是要优化生态振兴这个重要支撑。因此，乡村生态振兴，就是要实现乡村的绿色发展，推进乡村自然资源加快增值，打造山清水秀的乡村风光，推进美丽乡村的可持续发展。

组织振兴是保障。常言道："组织能使力量倍增。"组织兴，则乡村兴；组织强，则乡村强。因此，在实现乡村组织振兴的过程中，必须发挥好乡村基层党组织的核心作用、集体经济组织和合作组织的纽带作用以及其他社会组织的补充作用，实现乡村治理体系和治理能力的现代化。

产业振兴

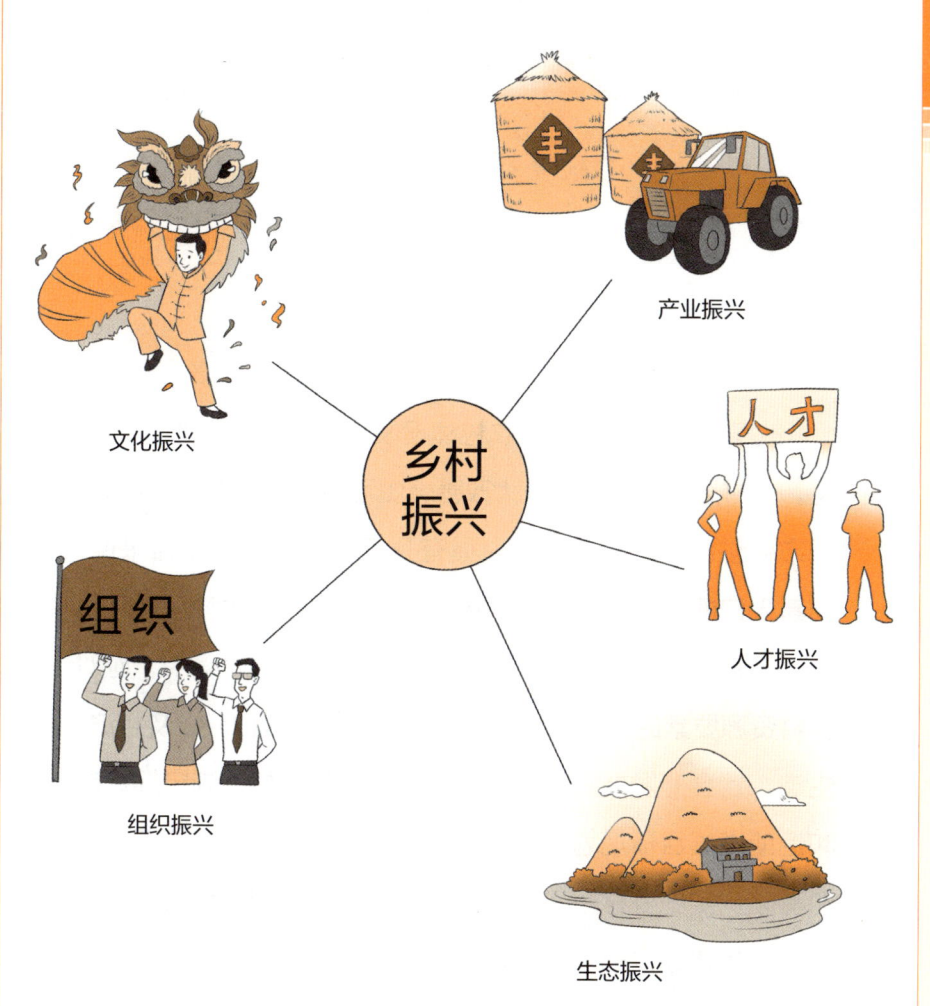

文化振兴

乡村振兴

人才振兴

组织振兴

生态振兴

5 实施乡村振兴战略为什么要强调规划先行？

改革开放以来，我国农村建设发展发生了天翻地覆的变化，乡村居民住房条件极大改善，生活品质极大提升。目前，城市化进程不断加速，这对具有几千年发展史的农村来说，随着人口的变化，必将带来生活习惯、生产方式和居住环境的一系列改变。因此，在落实乡村振兴战略的过程中，应对乡村资源要素的配置、土地开发利用、耕地保护，以及经济、生态、社会的发展，有一个全面、系统的考虑，制定好近期和远期发展目标规划，使之为乡村各项事业的发展打下良好的基础。实施乡村振兴战略是一项长期的历史性任务，将伴随着现代化建设的全过程，持续到2050年。因此，必须注意做好顶层设计，注重规划先行、分类实施。在实际工作中，既要有只争朝夕的精神，又要有科学求实的作风；既要尽力而为，又要量力而行。要防止层层加码、"刮风"搞运动、搞"一

刀切"。为此，2018年中央一号文件提出：各地区各部门要编制乡村振兴地方规划和专项规划或方案。加强各类规划的统筹管理和系统衔接，形成城乡融合、区域一体、多规合一的规划体系，防止出现一哄而上、急于求成、大轰大嗡的情况发生，要根据各地发展的现状和需要，分类有序地推进乡村振兴。

产业兴旺篇

6 什么是农业现代化？

农业现代化指由传统农业转变为现代农业,把农业建立在现代科学的基础上,用现代科学技术和现代工业来装备农业,用现代经济科学来管理农业,创造一个高产、优质、低耗的农业生产体系和一个合理利用资源、保护环境、有较高转化效率的农业生态系统。农业现代化的明显特征是:**农业机械化、农业生产科学化、农业产业化、农业信息化、农业劳动者素质的提高以及农业发展的可持续化等**。总体来说,农业现代化是一个牵涉面很广、综合性很强的技术改造和经济发展的历史过程,目标是建立发达的农业、建设富饶的农村,为农业发展创造良好的环境。

7 什么是物联网？在农业种植、养殖中怎么运用物联网？

一个养鸡大户用一台电脑、一部手机，坐在家里就能知道鸡舍中鸡的生长情况？就能给鸡舍通风换气、上料、加水？是的，这不是科幻电影，而是现实中利用物联网养殖的真实场景。

什么是物联网？通俗地讲就是物物相连的互联网。**物联网是在互联网的基础上，通过综合信息传感设备——传感器，把物体与互联网连接，进行信息交换，进而实现对物体的智能化识别、定位、跟踪、监控和管理的新技术。**

对老百姓来讲，更多的价值体现在应用系统上。目前农业生产中应用物联网比较多的是种植、养殖。如，在蔬菜温室大棚里，可通过传感设备远程监测棚内的温度、空气湿度、二氧化碳浓度、光照强度、土壤湿度等环境参数，可以定时定量地给瓜果蔬菜浇水、施肥、打药，真正实现按需供给的精确把关。这完全不同于以往凭经验靠感觉模糊的处理。在养殖方面，可以实现受精的蛋和白蛋（未受精的蛋）自动分拣，家禽公母智能区分，养殖场舍温度调节、供水供料自动控制，家禽自动捕杀以及肉类的自动分割深加工等。因此，使用物联网，能极大地减少人力用工，降低生产成本，提高生产效率。

拓展阅读

产业兴旺篇

传感器

鸡舍

家里

8 什么是智慧农业？5G 时代能给农业带来哪些好处？

说起智慧农业，你可能会想难道农业像人一样有了"大脑"思考，更具有"智慧"？可以这样理解。智慧农业就是将物联网技术运用到传统农业中，用传感器和软件通过移动平台（如手机）或者电脑平台对农业生产进行控制。具体来讲，就是利用传感设备收集大气、土壤、作物、病虫害等多方面的数据，随时随地指导农业生产。智慧农业依托于物联网技术，物联网技术对网络的容量和速度要求很高，网络跟不上时，设备就会出现通信故障，5G 网络的出现可以轻松解决这个问题。

5G 网络简单地说就是第五代移动通信网络，比目前普遍应用的 4G 网络的传输速度快几百倍，就相当于开拖拉机和坐高铁的差异。将来 5G 网络在广大农村地区的全面覆盖，必将促进智慧农业的发展，我们完全可以想象下面的场景将会很快实现：清晨，我们打开手机便可知作物的生长情况，随时随地了解土壤水分和肥力状况；遇到病虫害方面的问题，也可在田间地头远程视频咨询农技专家；销售的农产品，可以通过网络展示它的生长过程，让消费者放心购买；为吸引乡村游的游客，可以远程展播乡村实景，使游客身临其境，提前感受美丽乡村游的乐趣等。

9 什么是大数据？大数据在农业上都有哪些应用？

大数据听起来很抽象，实际上与我们的生活紧密相关。我们每天上网、用手机、去超市、住宾馆、买车票、看医生等行为，都会留下印迹，把每个人的浏览记录、搜索记录、购物清单、阅读书目、旅游经历、医疗记录等汇总起来，就构成了日常生活中的大数据。例如，淘宝网1分钟可以处理9万个订货单据、百度每天要处理60亿次搜索，这些都是大数据的具体表现和实际应用。所以说，大数据就是人们用来描述和定义信息爆炸时代产生的海量的、庞大的数据，并命名与它相关的技术发展与创新。

大数据的理念、技术和方法用在农业生产中，就是农业大数据。它可以通过卫星、无人机采集气候、土壤等数据，为农民提供最优化的栽种管理方案，协助农民有效管理农田，降低农业生产成本，让农民种植利益最大化；可以通过实时卫星影像数据，分析农作物当前的长势，获得地块信息，预测未来环境趋势走向，得到精确病虫害发生趋势等，为农民提供精确种植建议及田间管理指导；还可以用于指导农事生产、预测农产品市场需求、辅助农业决策，以此达到规避风险、增产增收等目的。

拓展阅读

大数据

10 什么是农业机械化？哪些作物已经实现了机械化？

农业机械化，指运用先进设备代替人力的手工劳动，在产前、产中、产后各环节中大面积采用机械化作业，从而降低劳动的体力强度，提高劳动效率。机械化可应用于农业生产的全

过程，如农作物的选种、育秧、耕地、播种、施肥、除草、灌溉、收割、脱粒、烘干、仓储、加工、包装、运输等。但机械化也有它的局限性，比如它没有人工灵活。如在山区、丘陵地区，由于土地面积较小，道路不通畅，就会导致农机作业达不到人们的要求，限制了机械化的应用，甚至无法利用机械。我国农业机械化水平发展很快，截至目前，水稻、小麦、玉米、马铃薯、油菜、大豆、花生、棉花等主要农作物基本实现了生产全程机械化，水果、大宗蔬菜、茶叶等经济作物的机械化水平也不断有新的突破，有关专家正积极开展研究、推广和示范。

11 什么是农业机器人？它能给农业生产带来什么便利？

农业机器人是人工智能在农业生产中的运用，是一种可由不同程序软件控制，以适应各种作业，能感觉并适应作物种类或环境变化，有检测（如视觉等）和演算等功能的新一代无人自动操作机械。**农业机器人主要分为管理类的机器人和采摘类的机器人。**管理类的机器人主要是自动行走的机器人，可以在农田里自动行走，通过感应器和定位器进行一些农事，比如施肥、除草等。而采摘类的机器人则一般有机械手，它可以通过机械手进行采摘、移植等。农业机器人改变了传统的农业劳动方式，降低了农民的劳动强度，大大促进了现代农业的发展。农业机器人的研究已有一定的进展，但在实用性和推广性方面却有待提高。究其原因，主要有两个方面的问题：第一，农业机器人大多只能在特定的环境下作业且不能单独作业，适用性较差。第二，目前的机器人生产成本过高，不能大规模量产。虽然农业机器人的实用性还需继续提升，但农业机器人作业无疑是将来农业机械化发展的趋势，农业机器人作为一种智能化的农业机械也必将得到推广使用。

12 什么是纳米技术？纳米技术在农业生产中有哪些应用？

拓展阅读

纳米，是一个长度单位，相当于1米的十亿分之一，差不多是头发丝直径的十万分之一。若把直径为1纳米的小球与一个乒乓球对比的话，就像是把一个乒乓球与地球做比较。因此，纳米科技是在和肉眼不可见的微观世界"打交道"。纳米技术应用范围很广，如用在医学技术、新制造业、水的纯化等。当前，纳米技术农业上的应用主要是在纳米剂型化农业化学投入品上，包括肥料、农药、兽药、饲料等。如纳米肥料，可以依据作物吸收模式，利用肥料载体控制肥料养分释放速度，提高氮肥等速溶性肥料的养分吸收率，改善难溶性磷肥与矿物微肥在土壤中的溶解度与分散性，从而提高肥料的利用率；纳米农药则利用纳米药物载体控制药物最低有效释放浓度，从而降低食品与环境残留污染。所以，纳米技术未来在农业领域的应用将会更加广泛。

产业兴旺篇

13 什么是转基因技术？转基因技术主要应用在哪些领域？

要讲转基因技术，需要先说说什么是基因。基因是指携带有遗传信息的 DNA 片段，是控制性状的基本遗传单位。利用基因工程技术把一种生物体的基因转移到另一种生物体中，使后者获得新的性状，并能把这些性状遗传下去的技术就是转基因技术。

目前，转基因技术广泛应用于医药、工业、农业、环保、能源、新材料等领域。在医学上，应用转基因技术生产重组疫苗、抑生长素、胰岛素、干扰素、人生长激素等；在食品工业上，转基因技术及产品用于乳制品发酵、单细胞蛋白质的生产及酿酒等；在农业上，主要包括农业转基因动物、植物及微生物的培育，特别是转基因作物发展速度最快，培育了一批具有抗虫、抗病、耐除草剂等性状的转基因作物。目前转基因技术正在朝着改善农艺性状，如光合效率、肥料利用效率、抗旱耐盐和改善品质等方向发展。我国对转基因作物的管理十分严格,目前只有转基因棉花和木瓜等少数几种农产品获批生产。

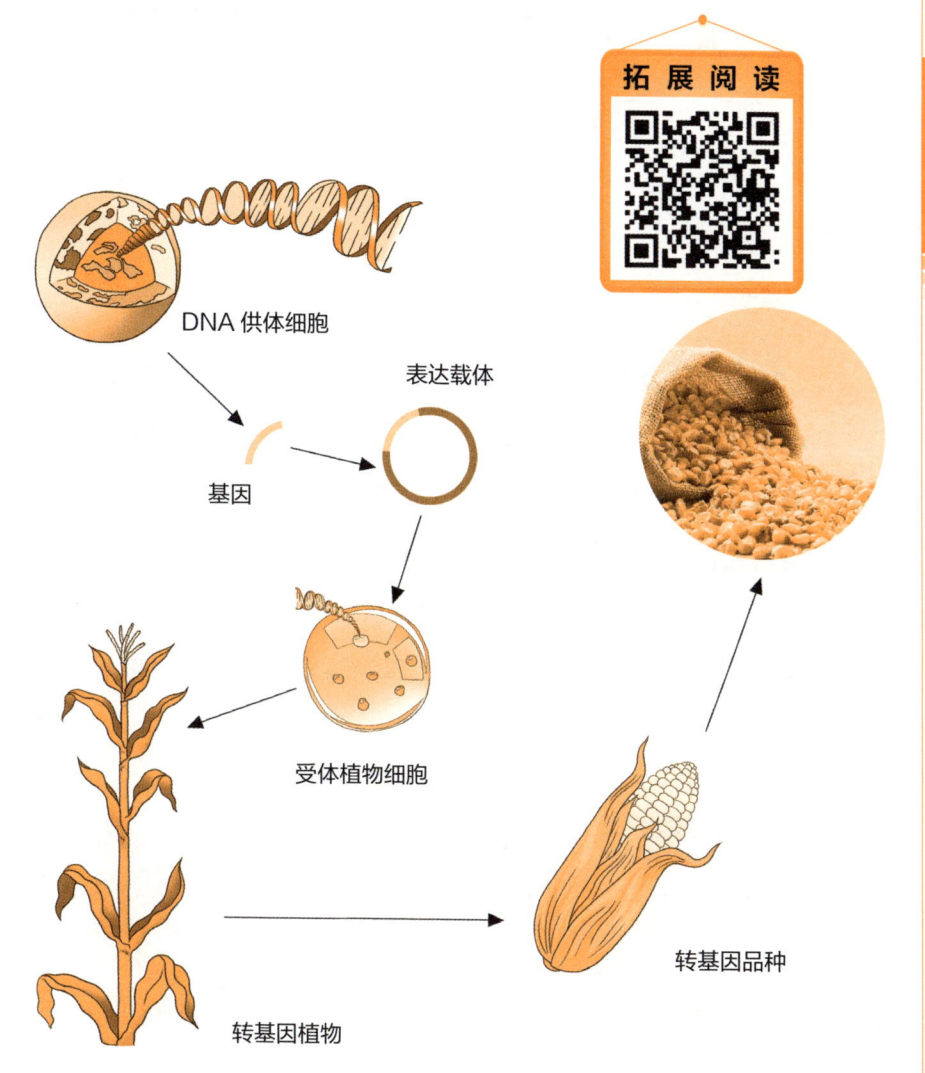

拓展阅读

DNA 供体细胞

基因

表达载体

受体植物细胞

转基因植物

转基因品种

14 什么是高效节水灌溉技术？农业生产中都有哪些形式？

我国水资源十分紧缺，而传统的大水漫灌用水量大且有效利用率低。有个比较可以说明问题，就是发达国家每立方米水的粮食生产能力有 2 千克以上，而我国每立方米水的粮食生产能力只有 0.85 千克。所以，想用较少的水获得较高的产出效益，采用高效节水灌溉技术就是一个好的出路。那么，什么是高效节水灌溉呢？高效节水灌溉是对除土渠输水和地表漫灌

喷灌　　　　　微灌　　　　　滴灌

之外所有输水、灌水方式的统称。输水方式由土渠输水发展为防渗渠和管道渠；灌水方式则在地表漫灌的基础上发展为喷灌、微灌、滴灌，水的利用系数从 0.3 提高到 0.98。生产中常见的几种节水灌溉方式如下。

喷灌：喷灌比漫灌节水 30%，主要用于大田密植作物，适合区域化控制，具有增产、提高耕地利用率等优点，但运行能耗较高，蒸发损失较大，要求大容量水源，并且只能在不超过 3 级风力的条件下使用。

微灌：微灌属于先进的节水灌溉技术，能够仅对作物需水部位提供所需水量，由"浇地"转换为"浇作物"。微灌可用于设施农业和经济作物，适应所有地形和土壤，具有节水、增产效应，灌水均匀，至少可比喷灌节水 50%。微灌很容易实现水肥一体化，但微灌对水质及日常系统维护要求较高。

滴灌：滴灌是近年来出现的最先进的灌溉技术，是利用安装在毛管上的滴头、孔口或者滴灌带等灌水器，使灌溉水呈水滴状，缓慢、均匀地滴入作物根区附近浸润根系最发达区域的灌水方法。地下滴灌的蒸发量极小，能完全不受风的影响，可实施立体精确定位水肥灌溉。水的利用率高达 0.98，理论上水的损失微乎其微。设施损耗少，免受紫外线辐射的影响，不易老化。

15 什么是水肥一体化技术？水肥一体化技术有什么好处？

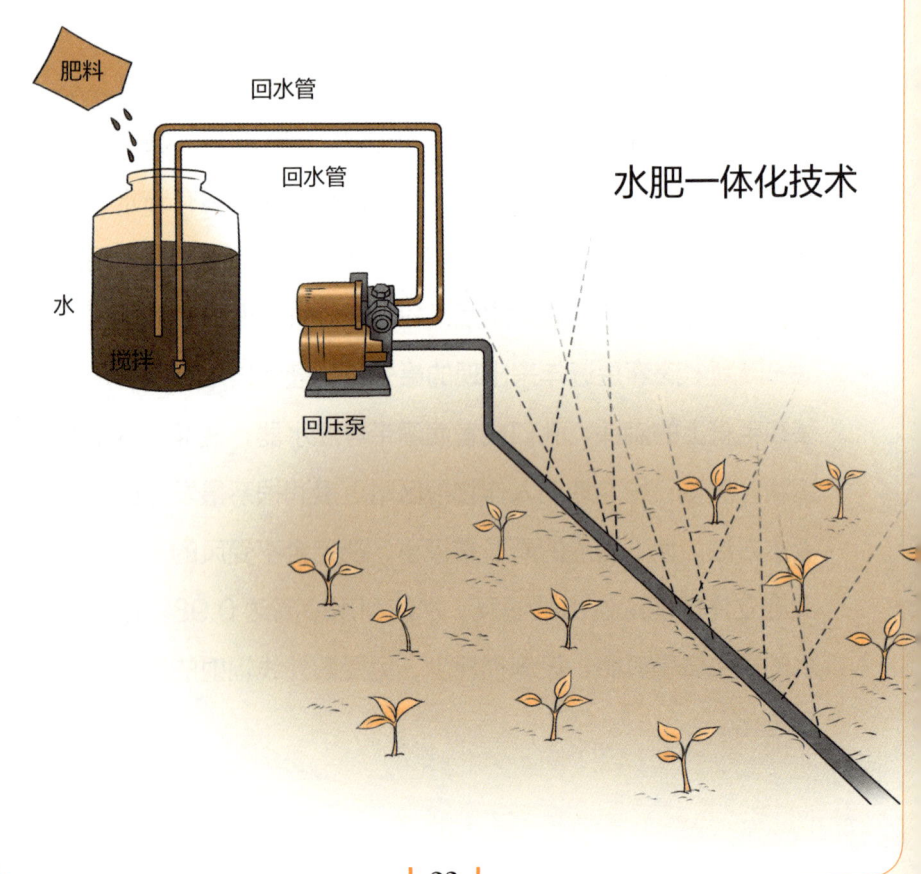

水肥一体化技术

肥料
回水管
回水管
水
搅拌
回压泵

通俗地讲，水肥一体化技术就是灌溉施肥技术，按照作物生长发育需求进行全生育期需求设计，把水分和养分定量、定时、按比例直接提供给作物。实施水肥一体化技术，要有水质好且符合微灌要求的固定水源，如河流、水库、机井等，要有完整的压力灌溉系统，如滴灌、喷灌。灌溉系统除有电机、水泵、过滤器、保护器、输配水管道外，还应有施肥器及控制和测量设备。目前水肥一体化技术主要应用于设施温室大棚、果园、露地瓜菜及经济效益较好的其他作物。

水肥一体化的好处：一是**省工**，即通过管道施肥，可以大量节省施肥和灌水的人工；二是**省肥**，其实现了平衡施肥和集中施肥，减少了肥料的挥发和流失，具有施肥简便、供肥及时、作物易于吸收、肥料利用率高等优点；三是**节水**，其可减少水分的下渗和蒸发，提高水分利用率；四是**省药**，如滴灌只湿润根区土壤，其他地方保持干燥，可显著降低病害发生，减少杂草生长，因而能够减少农药和除草剂的使用；五是**方便集约化栽培的水肥管理，有利于实现标准化栽培**；六是**可以开发较陡坡地的作物种植**；七是**利于根据作物的生长需要精确施肥**；八是**能降低肥料对环境的影响**。

16 什么是农作物病虫害绿色防控？它有哪些好处？

农作物病虫害是我国主要的农业灾害之一，它具有种类多、影响大、时常暴发成灾的特点，严重时会造成颗粒无收，是让农业生产者头疼和烦恼的事情。近年来，"绿色防控"引起人们广泛关注，那么，什么是农作物病虫害绿色防控呢？**农作物病虫害绿色防控，就是按照"绿色植保"的理念，采用农业防治、物理防治、生物防治、生态调控以及科学、合理、安全使用农药的技术，达到有效控制农作物病虫害，确保农作物生产安全、农产品质量安全和农业生态环境安全，促进农业增产、增收的目的。**

绿色防控是持续控制病虫害，保障农业生产安全的重要手段。 目前我国防治农作物病虫害主要依赖化学防治措施，在控制病虫危害损失的同时，也带来了病虫抗药性上升和病虫暴发概率增加等问题。通过推广应用生态调控、生物防治、物理防治、科学用药等绿色防控技术，不仅有助于保护生物多样性，降低病虫害暴发概率，实现病虫害的可持续控制，而且有利于减轻病虫害损失，保障粮食丰收和主要农产品的有效供给。

绿色防控是促进标准化生产，提升农产品质量安全水平的必然要求。 传统的农作物病虫害防治措施既不符合现代农业的发展要求，也不能满足农业标准化生产的需要。大规模推广农作物病虫害绿色防控技术，可以有效解决农作物标准化生产过程中的病虫害防治难题，显著降低化学农药的使用量，避免农产品中的农药残留超标，提升农产品质量安全水平，增加市场竞争力，促进农民增产增收。

绿色防控是降低农药使用风险，保护生态环境的有效途径。 病虫害绿色防控技术属于资源节约型和环境友好型技术，推广应用生物防治、物理防治等绿色防控技术，不仅能有效替代高毒、高残留农药的使用，还能降低生产过程中病虫害防控作业风险，避免人畜中毒事故的发生。同时，还能显著减少农药及其废弃物造成的面源污染，有助于保护农业生态环境。

17 怎样通过农业防治措施防治病虫草害？

农业防治是通过调整和改善作物的生长环境，以增强作物对病、虫、草害的抵抗力，创造不利于病原物、害虫和杂草生长发育或传播的条件，以控制、避免或减轻病、虫、草的危害。主要具体措施有选用抗病（虫）品种、调整品种布局、选留健康种苗、轮作、深耕灭茬、调节播种期、合理施肥、及时灌溉排水、适度整枝打杈、保持田园清洁和安全运输储藏等。农业防治如能同物理、化学防治等配合进行，可取得更好的效果。

18 怎样通过物理防治措施防治病虫草害？

物理防治指利用各种物理因子（如光、热、电、温度、湿度和放射能、声波等）、人工或器械清除、抑制、钝化或杀死有害生物的方法。如人工捕杀、灯光诱杀、黄板诱杀、安装防虫网、温汤浸种、覆盖银灰色地膜驱避蚜虫等。

黄板诱杀

灯光诱杀

温汤浸种

安装防虫网

覆盖银灰色地膜

19 怎样通过生物防治措施防治病虫草害？

通俗来说，生物防治就是利用一种生物对付另外一种生物，来降低杂草和害虫等有害生物种群密度，以达到减轻甚至消灭病虫草害的目的。生物防治可以维护生态平衡，无污染，无抗性，保证了人畜安全，能够避免化学防治带来的许多弊病。

主要方式有以下几种。

（1）利用天敌昆虫防治害虫。如释放赤眼蜂防治玉米螟，用七星瓢虫和草蛉防治蚜虫等。

（2）利用细菌、真菌、病毒等微生物侵染害虫，致使害虫死亡。例如，农业生产大量应用的苏芸金杆菌、核多角体病毒等。

（3）利用微生物的代谢产物防治农作物病虫。广泛使用的制剂有多抗霉素、井岗霉素、阿维菌素等。

用天敌昆虫防治害虫 　　　利用细菌、真菌、病毒等微生物侵染害虫

20 土壤板结会对农作物造成哪些影响？如何防治和改善？

土壤板结指土壤表层因缺乏有机质，结构不良，在灌水或降雨等外因作用下结构破坏、土料分散，而干燥后受内聚力作用使土面变硬的现象。土壤板结造成土壤的吸水、吸氧及营养物质的吸附能力降低，通透能力的下降使作物根系发育不良，影响农作物的生长发育。

如何改善土壤板结呢？

重视优质有机质的使用。 如粉碎的秸秆、玉米芯、花生壳等可进行堆肥后返田。禽畜粪肥中牛羊粪有机质含量高，是改良土壤板结的首选。

施用生物菌肥。 由于连年种植，土壤中的有害微生物积累，而有益微生物减少，施用生物菌肥后，可以使土壤中的有益微生物增加，改良土壤。

选择土壤板结改良产品。 腐植酸类土壤调理剂能够改善土壤的物理、化学和微生物反应，增加土壤的肥力。腐植酸类土壤调理剂含有利于植物吸收的各种营养元素，能够治理土壤板结、沙化、盐碱化。

合理使用化学肥料。土壤板结，团粒结构不能形成的原因之一是过量的矿质元素，这是因为不合理施肥导致的。因此，对于板结的土壤，底肥应以有机肥为主，少施或不施用化学肥料，中后期追肥以吸收效率高的水溶肥为主。

改大水漫灌为滴灌、渗灌。采用农田节水技术，实现水肥一体化技术管理，可有效减轻土壤盐渍化，从而减少土壤板结。

适度深耕。 运用大型拖拉机进行深松整地，当深松深度达到 30 厘米以上时，可打破犁底层，改善耕层构造，从而防止土壤板结。

棚内洗盐法。 多年种植的蔬菜大棚，因连年施用化肥，土壤盐渍化程度比较高，土壤易板结。可利用夏季空棚期通过浇大水的方法，将土壤中过多的盐分进行淋洗，以降低土壤中的盐离子浓度。

晒垡和冻垡。 对土壤进行晒垡和冻垡，可充分利用干湿交替和冻融交替对土壤结构形成的作用，熟化土壤，防止板结。

彻底清除农田残膜。 若不能在使用塑料薄膜后彻底清除残膜，使其大量残留在土壤中，不但会形成有毒物质，而且还会破坏土壤结构，应彻底清除农田残膜。

调节土壤酸碱度。 在酸性土壤中施用石灰，在碱性土壤中施用石膏，可改善土壤结构，使土壤疏松，防止表土结壳。

21 什么是休耕？为什么要休耕？

休耕让其"休养生息"

休耕，指耕地在某一时期不种植农作物，以恢复地力的耕作制度。休耕不是让土地荒芜、弃耕，而是让其"休养生息"，让过于疲惫的耕地喘口气、解解乏，用地养地相结合来提升和巩固粮食生产力。那么，到底为什么要休耕呢？

（1）土地中含有的有机质、氮磷钾等养分有限，长期的耕作，会破坏土壤中养分平衡。比如，不同作物对于氮肥和磷肥的吸收量不同，造成原本的氮磷失去平衡，长此以往，土壤生产能力遭到破坏，子孙后代将只能面对贫瘠的土地。

（2）连续耕作，土壤中病虫害就会加重，特别是连作同一类作物，根结线虫、立枯病等土传病虫害就会严重，而且有些作物根部会分泌毒素，常年在土壤中积累，作物产量会受到严重影响。

（3）土壤长年进行耕作、施肥等农事活动，水土流失严重，会使土地盐碱化、沙化。

22 什么叫保护性耕作？

保护性耕作，就是尽量减少对土壤的耕作，具体是指通过少耕、免耕、地表微地形改造技术及地表覆盖、合理种植等综合配套措施，减少农田土壤侵蚀，保护农田生态环境，并获得生态效益、经济效益及社会效益协调发展的可持续农业技术。 其核心技术包括少耕、免耕、缓坡地等高耕作、沟垄耕作、残茬覆盖耕作、秸秆覆盖等农田土壤表面耕作技术及其配套的专用机具等，配套技术包括绿色覆盖种植、作物轮作、带状种植、多作种植、合理密植、沙化草地恢复，以及农田防护林建设等。

玉米免耕精量播种

23 连作（连茬）对作物、土壤有哪些危害？

连作指连续多年在同一地块上种植同类农作物的栽培方法。连作的危害有以下几条。

（1）**容易发生病虫害**。连作时，病原菌累积严重，病虫害发生频繁，逐渐加重。尤其是土传病害不断发生，如十字花科的软腐病、菌梗病；茄果类的枯萎病、根腐病、立枯病；瓜类的猝倒病、疫病、枯萎病等。

（2）**使土壤变劣**。造成土壤微生物活性降低，养分分解作用下降；作物酶活性降低，细胞分裂减缓，膜结构遭破坏，从而影响矿物质的吸收运输。

（3）**土壤含盐量及 pH 失衡**。随栽培年限的延长而加重，并逐渐向表层聚集，造成表土层板结、理化性质恶化，pH 值增高，影响作物对养分的吸收。

> 容易发生病虫害
> 使土壤变劣
> 土壤含盐量及pH失衡

连作（连茬）土壤

24 农作物轮作（换茬）有哪些好处？

在同一地块上，按一定年限有计划、科学地轮换栽种几种性质不同的农作物叫"轮作"，俗称"换茬"。轮作的显著优势为：**可合理利用土壤肥力、减轻农作物病虫草害、减少环境污染、降低生产成本、提高农作物的产量。** 常见的轮作有：禾谷类轮作、禾豆轮作、粮食和经济作物轮作、水旱轮作、草田轮作等。

轮作好处多

轮作（换茬）

25 农作物如何进行轮作（换茬）与套种？

农村有个说法，"调茬如上粪""茬口倒得顺，粮食打满囤"。通过轮作（换茬），可以使根系深浅不同、吸收养分种类不同的作物互相搭配，达到全面利用土壤养分、提高作物产量、实现用地与养地相结合的目的。

水稻和油菜轮作

小麦与豌豆、油菜间作

肥茬与瘦茬轮作。 麦类、谷类、玉米等粮食作物，以及棉、麻、烟等经济作物吸收的养分较多，地力消耗大，种植这些作物的地块叫"瘦茬"或"白茬"；各种豆类和绿肥作物，既能固定空气中的氮素，又能吸收土壤中的难溶性磷素和钾素，种植这类作物的地块叫"肥茬"或"油茬"。肥茬和瘦茬轮作，可以实现用地与养地结合。

冷茬与热茬轮作。 种植甘薯、水稻和瓜类作物的地块，由于植株茎叶茂密遮蔽地面，使土壤发阴，叫"冷茬"。种植麦类、谷类、土豆、烟草等作物的地块，土壤温暖发暄，叫"热茬"。冷茬与热茬轮作，有利于提高作物产量。

硬茬与软茬轮作。 种植高粱、谷子、向日葵等作物的地块，土口紧、板结，叫"硬茬"；种植豆类、麦类、马铃薯等作物的地块，土口松，易耕作，叫"软茬"。硬茬与软茬轮作，可以活化土壤，防止土壤板结。

间作与套种结合。 在同一地块同时种植两种或两种以上的作物，既能充分利用地力，又能充分利用光能，改善作物的通透性。例如，小麦与豌豆、油菜间作，麦田套种玉米、棉花，玉米套种菇类等，都是改善土壤结构、实现用地与养地结合、提高土地栽培效益的好办法。

26 蔬菜怎么安排轮作（换茬）？

蔬菜轮作（换茬）的方法主要有以下几种。

根据蔬菜对养分需求不同的原则安排。把需氮肥较多的叶菜类、需磷肥较多的茄果类和需钾肥较多的根茎类蔬菜相互轮作；把深根类的豆类、茄果类同浅根类的白菜、甘蓝、黄瓜、

葱蒜类蔬菜进行轮作；一般需氮肥较多的叶菜类蔬菜后茬最好安排需磷肥较多的茄果类蔬菜。

根据缓解土壤酸碱度、平衡土壤肥力的原则安排。如种植马铃薯、甘蓝等会提高土壤酸度，而种植玉米、南瓜等会降低土壤酸度，如把对酸度敏感的葱类安排在玉米、南瓜之后，可以获得较高的产量和效益。如豆类蔬菜与一些需氮肥较多的叶菜类蔬菜换茬，把生长期长的与生长期短的蔬菜、需肥多的与需肥少的蔬菜互相换茬种植，季季茬茬都可获得高产。

根据有利于减轻病虫害的原则安排。如黄瓜霜霉病、枯萎病、白粉病、蚜虫等，对瓜类蔬菜有感染传毒能力，连作黄瓜更为不利，如果改种其他类蔬菜，就能起到减轻或消灭病虫害的效果。如葱蒜采收后种上大白菜，可使软腐病明显减轻。粮菜轮作、水旱轮作，对土壤传染性病害的控制更为有效。

根据蔬菜对杂草抑制作用的强弱安排。一些生长迅速或栽培密度大、生长期长、叶片对地面覆盖度大的蔬菜，如瓜类、甘蓝、豆类、马铃薯等，对杂草有明显的抑制作用；而胡萝卜、芹菜等发苗较缓慢或叶小的蔬菜易滋生杂草。将这些不同类型的蔬菜轮作（换茬）进行栽培，可以起到减轻草害、提高产量、增加收入的效果。

27 什么是稻田综合种养技术？

稻田综合种养技术指将水稻种植与养殖生产相结合的一种综合技术。简单地说，就是利用稻田的浅水环境，在稻田生态系统中引进鱼（鳖、虾、蟹、鳅）、鸭种群后而形成的稻-鱼、稻-

稻-鳅共作

稻-蟹共作

稻-鱼共作

稻-虾共作

稻-鳖共作

鸭共生互利的生态系统。鱼类等水生动物摄食稻田的部分害虫和杂草，在田中来回游动可以起到松土作用，有利于水稻分蘖和根系的发育，鱼类的呼吸丰富了水稻的光合作用，鱼类的粪便可以肥田……稻田综合种养具有以下几个好处：一是可以作为丘陵山区水产可养水面不足的有力补充；二是能节省稻作劳力和生产支出；三是减少农业面源污染，改善农业生态环境；四是有利于农村的环境卫生；五是使水稻增产，稻米产品可成为无公害产品、绿色食品或有机食品。为确保稻田中水产品的安全，通常不用或少用农药，更不用化肥，大大降低了稻田产品农药的残留。经过多年的发展，稻田综合种养模式已从单纯的稻－鱼共作、稻－鸭共作，**向稻－蟹共作、稻－虾共作、稻－鳖共作、稻－鳅共作等多种模式发展**。

28 什么是质量安全的农产品？

质量安全的农产品不应含有可能损害或威胁人体健康的有毒、有害物质或不安全因素，不可导致消费者急性、慢性中毒或感染疾病，不能产生危及消费者及后代健康的隐患。有下列情形之一的农产品属于质量不安全的农产品，不得销售。

（1）含有国家禁止使用的农药、兽药或者其他化学物质的。

（2）农药、兽药等化学物质残留或者含有的重金属等有毒有害物质不符合农产品质量安全标准的。

（3）含有的致病性寄生虫、微生物或者生物毒素不符合农产品质量安全标准的。

（4）使用的保鲜剂、防腐剂、添加剂等材料不符合国家有关强制性技术规范的。

（5）其他不符合农产品质量安全标准的。

29 什么是食用农产品合格证制度？

2016年7月22日，原农业部制订并发布了《食用农产品合格证管理办法（试行）》（以下简称《办法》）。《办法》中指出：食用农产品是指供食用的源于农业的初级产品。食用农产品合格证制度是指食用农产品生产经营者对所生产经营食用农产品自行开具的质量安全合格标识。生鲜乳依据《生鲜乳生产收购管理办法》执行。合格证开具主体应是食用农产品生产经营者，而不是政府相关部门，要坚持"谁开具、谁负责"的原则。生产经营者应根据实际情况采取以下方式之一作为开具合格证的依据：一是自检合格；二是委托检测合格；三是内部质量控制合格；四是自我承诺合格。

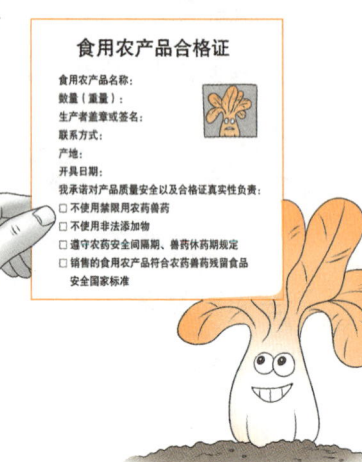

食用农产品合格证

食用农产品名称：
数量（重量）：
生产者盖章或签名：
联系方式：
产地：
开具日期：
我承诺对产品质量安全以及合格证真实性负责。
□ 不使用禁限用农药兽药
□ 不使用非法添加物
□ 遵守农药安全间隔期、兽药休药期规定
□ 销售的食用农产品符合农药兽药残留食品安全国家标准

30 什么是绿色食品？

绿色食品，指产自优良生态环境、按照绿色食品标准生产、实行全程质量控制并获得绿色食品标识使用权的安全、优质食用农产品及相关产品。 绿色食品分为 A 级和 AA 级两个等级。A 级要求在生产过程中限量使用限定的化学合成生产资料，并积极采用生物学技术和物理方法，保证产品质量符合"绿色食品"标准要求；AA 级要求在生产过程中不使用化学合成的农药、肥料、食品添加剂、饲料添加剂、兽药及不利于环境和人体健康的生产资料，而是通过使用有机肥、种植绿肥、作物轮作、生物或物理方法等技术，培肥土壤、控制病虫草害、保护或提高产品品质。后者更加接近国际有机食品的标准。

31. 什么是有机农业？什么是有机食品？

有机农业指遵照一定的有机农业生产标准，在生产中不采用基因工程获得的生物及其产物，不使用化学合成的农药、化肥、生长调节剂、饲料添加剂等物质，遵循自然规律和生态学原理，协调种植业和养殖业的平衡，采用一系列可持续发展的农业技术以维持持续稳定的农业生产体系的一种农业生产方式。

有机食品，指根据有机农业和有机食品生产、加工标准而生产出来的经过有机食品颁证组织颁发证书供人们食用的一切食品，包括蔬菜、水果、饮料、牛奶、调料、油料、蜂产品，以及药物、酒类等。

有机农业

人类健康

植物产品

动物产品

健康植物

有机饲料

健康动物

有机肥料

健康土地

32 什么是农产品地理标志？

农产品地理标志指标示农产品来源于特定地域，产品品质和相关特征主要取决于当地自然生态环境和历史人文因素，并以地域名称冠名的特有农产品标志。 此处所称的农产品指来源于农业的初级产品，即在农业活动中获得的植物、动物、微生物及其产品。如北京平谷大桃、河北沙城葡萄酒、江苏阳澄湖大闸蟹、新疆库尔勒香梨等。

北京平谷大桃

新疆库尔勒香梨

河北沙城葡萄酒

江苏阳澄湖大闸蟹

33. 什么是农业社会化服务？它能给农户带来哪些好处？

产业兴旺篇

麦收季节我们经常会看到联合收割机跨地区帮助农户收割小麦，农作物病虫害防治也从一家一户"人背机器"转变成由专业防治队伍进行统防统治，这些都是农业社会化服务发挥的作用。**农业社会化服务指由公共服务机构、合作经济组织、龙头企业以及其他社会力量为各类农业生产经营者提供的涉及产前、产中、产后所需要的各类服务。**比如，农业技术服务、农业金融服务、农业保险服务、农业信息服务、农产品销售服务等。农业社会化服务不仅可以给农业规模经营和各类新型农业经营主体提供专业全方位的服务，也可以解决不流转土地进行规模经营的难题，可以克服生产者自身规模狭小的弊病，带动农民增收，促进了小农户与现代农业有机衔接。

34 农业社会化服务有哪些形式？

近年来，农业社会化服务在全国范围内蓬勃兴起，逐步形成了以下形式：一是村级集体经济组织开展的以统一机耕、排灌、植保、收割、运输等为主要内容的服务；二是乡级农技站、农机站、水利（水保）站、林业站、畜牧兽医站、水产站、经营管理站和气象服务网等提供的以良种供应、技术推广、科学管理和气象信息为重点的服务；三是供销合作社和商业、物资、外贸、金融等部门开展的以供应生产生活资料，收购、加工、运销、出口产品，以及筹资、保险为重点的服务；四是科研教育单位深入农村，开展以技术咨询指导、人员培训、集团承包为重点的服务；五是农民专业技术协会、专业合作社和专业户开展的专项服务。

35 什么是休闲农业？发展休闲农业有哪些好处？

休闲农业是利用农村自然景物、农业特色景观、农业生产设施设备、农业生产过程和传统农耕文化等资源，围绕人们的"休闲"需要而开发的具有观赏、采摘、体验、游览、度假、疗养等功能的一种新型农业产业形态或消费业态。

发展休闲农业，一是可以充分有效地开发利用农业资源，调整和优化农业结构，促进农业和旅游业的合理结合，建立新的"农游合一"的农业发展模式；二是可以增加旅游资源和农产品销售市场，同时还可以带动相关产业的发展，扩大劳动就业，增加经济收入，发展高效农业；

三是可以保护和改善农业生态环境，塑造良好的乡村风貌，提高城乡居民的生活质量，达到休憩健身的目的；四是可以让游客了解农业生产活动，体验农家生活气息，享受农业成果，同时普及农业知识，促进城乡文化交流；五是可以开拓新的旅游空间和领域，使部分游客走进"农业"这一大世界，以减轻某些观光地人满为患的压力，缓解假日城市旅游地过分拥挤的现象。

36 发展休闲农业需要哪些资源？

发展休闲农业，首先要有它赖以发展的基础，这就是休闲农业资源。简单地说，休闲农业资源指在一定时间、地点条件下，能够产生经济、社会和文化价值，能为休闲农业旅游开发和经营所利用，为开展休闲农业旅游活动提供基础来源的各种物质和人文活动的总称。目前，休闲农业资源主要包括农业生物资源、自然资源、人文资源和现代科技资源。

农业生物资源。农业生物资源指可用于或有助于农业生产的生物资源，包括农作物资源（如粮食作物、蔬菜、花卉等）、林木资源、畜禽品种资源、水产生物资源、蚕业资源、微生物资源等。

自然资源。自然资源指可利用的优越的自然条件，包括地理位置、气候、水文、地貌、土壤、植被等。

人文资源。人文资源指农业生产体验活动、农村人文环境和风俗习惯等，包括传统农具、农耕活动、民俗风情、民间谚语、民间歌舞等。

现代科技资源。现代科技资源指现代农业新品种、新技术和新成果，如无土栽培技术、滴灌技术、虚拟体验技术、名特优蔬菜瓜果等。

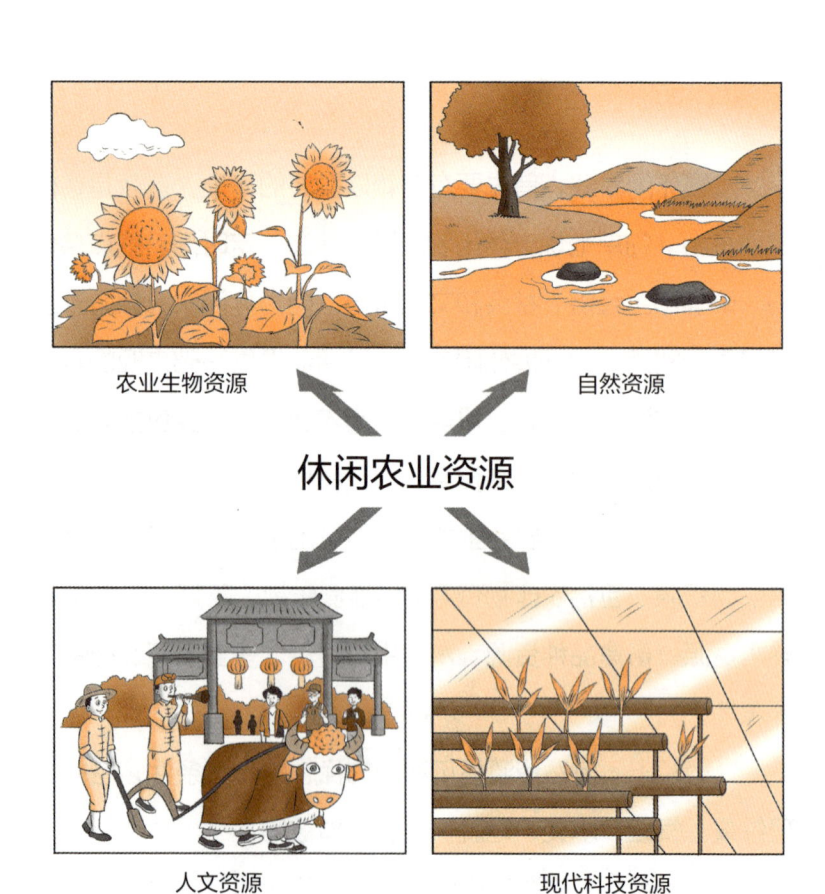

农业生物资源　　　　　自然资源

休闲农业资源

人文资源　　　　　现代科技资源

37 什么是新型农业经营主体？主要有哪些特点？

新型农业生产经营主体，强调的是"新"，就是在农村新出现的生产模式，主要指在完善家庭联产承包经营制度的基础上，有文化、懂技术、会经营的职业农民和大规模经营、较高的集约化程度和市场竞争力的农业经营组织。新型农业经营主体既包括农业产中环节的生产经营组织，也包括为在产中环节提供各种服务的经营组织。相对传统农业经营主体而言，新型农业经营主体的主要特征有以下几个方面。

经营规模较大。 新型农业经营主体是适度规模和专业化生产。传统农业经营主体大都局限于家庭，规模较小，而新型农业经营主体则具有较好的物质装备条件，生产技术水平高。

经营方式集约。 新型农业经营主体是集约化经营。传统家庭经营方式多停留在"靠天吃饭"的状态，而新型农业经营主体具有现代经营管理意识，能够实现对资源要素的集约利用，劳动生产率、土地产出率和资源利用率都比较高。

市场意识浓厚。 传统农业经营主体虽然也面向市场，但因生产经营能力有限，都是被动地受市场行情影响。而新型农业经营主体的市场化程度高，能主动按照市场需求安排农业生产活动，绝大部分的产品都能进入市场，能够与市场有效衔接，商品化率和经济效益明显高于传统农户。

经营者素质较高。 尽管传统农业经营主体和新型农业经营主体的经营者都是农民，但前者因经营规模小、产品数量少，从而对其生产经营素质要求相对较低。而后者则不同，由于经营规模相对较大，产品数量大，而且商品率也较高，因而对其生产经营素质要求也就相对较高，往往表现为更职业化。

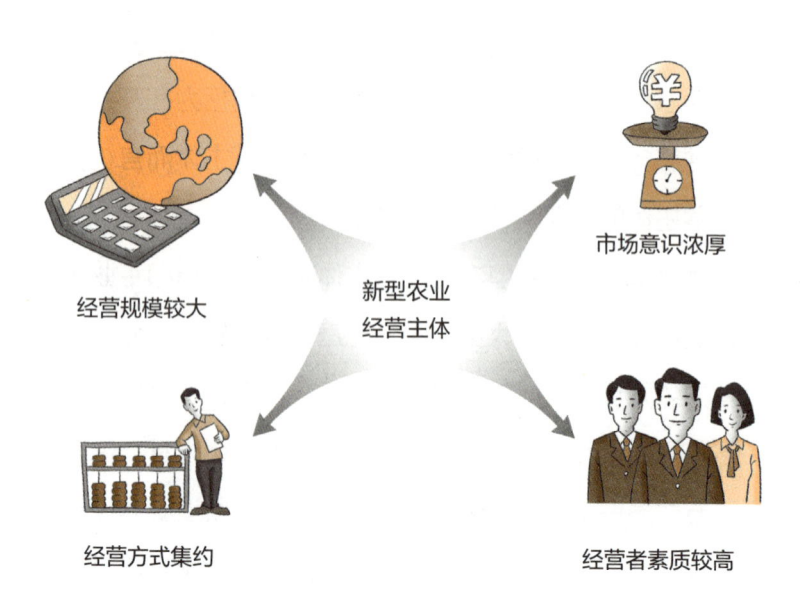

38 新型农业经营主体大致包括哪些类型？

当前阶段，新型农业经营主体包括专业大户、家庭农场、农民合作社、龙头企业。其中，专业大户和家庭农场是家庭经营，农民合作社和龙头企业是合作经营、集体经营或者企业经营。

专业大户。 专业大户主要以从事某种单一农产品的初级生产为主，其规模要大于分散经营农户的生产规模，而且专业程度较高。区分其与一般农户的标准，主要有两个维度，即规模大小和专业化程度。特点就是所生产的农产品较为单一，参与市场流通比较被动，生产效率和普通农户相比有所提高。

家庭农场。 家庭农场是以家庭成员为生产主体的企业化经营单位，具有法人性质，和专业大户相比，虽然都是以家庭为单位，但是其产业链较长，集约化、专业化程度较高，并非简单地从事初级的农产品生产。这种模式集专业化的农产品生产、加工、流通、销售为一体，可以涵盖一二三产业。例如，一户人家既种植大规模的土地，又开办了农产品加工厂，还从事乡村旅游或者经营农家乐等。特点就是商品化水平较高，生产技术和装备较为先进，规模化和专业化程度较高，生产效率高。

农民合作社。农民合作社是农户之间通过土地、劳动力、资金、技术或者其他生产资料采取一定合作方式的经营联合体。这种模式是一种互助性质的农业生产经营组织，其规模更大，专业化水平更高，与市场的结合程度也更高，是农民自愿组织起来的联合经营体，也就是"抱团取暖"。特点是分工明确，从生产、加工到销售都有专门的团队在做，其生产效率也因此得到提高。

龙头企业。龙头企业所经营的内容，可以涵盖整个产业链条，从农产品的种植与加工、仓储、物流运输、销售甚至科研的组织化程度和专业化都比较高，通常与农户的合作模式有"企业＋基地＋农户""企业＋专业合作社＋基地＋农户"等，在实现自身发展的同时，也能带动农户的发展，甚至带动一个区域的特色农产品的发展,效率远远高于前三种新型经营主体。

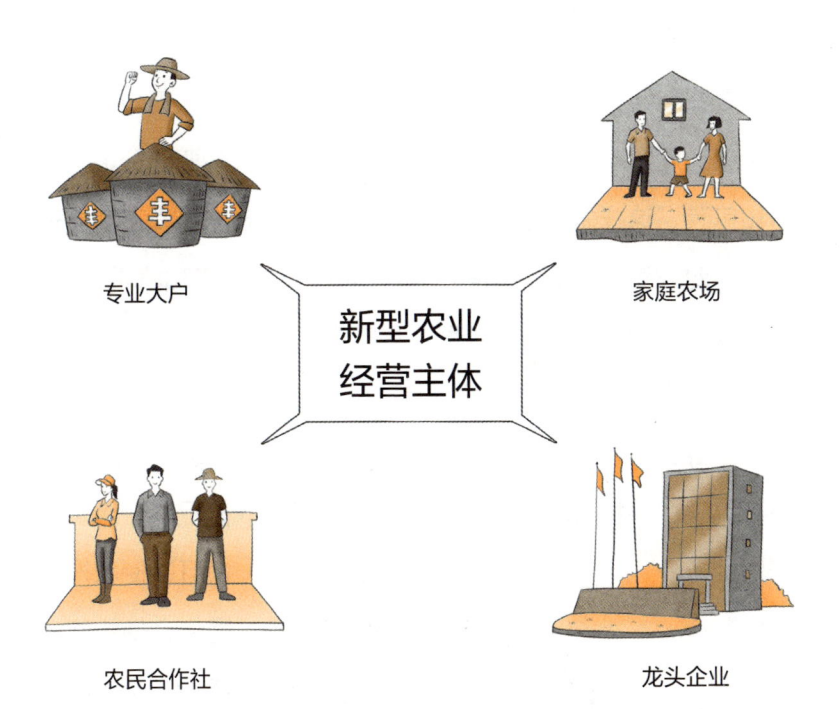

专业大户

家庭农场

新型农业经营主体

农民合作社

龙头企业

39 为什么要对农产品进行分级和包装？

传统销售方式，习惯于就地出售产品。比如水果和蔬菜不分大小，质量不分等级，优劣混装，没有进行必要的分级、去劣和包装，这样做的结果往往是自己生产的农产品卖不到合理价格。对农产品进行分级和包装，通过**人工分级**和**机械分级**，按照农产品的个体尺寸（长度、直径等）、形状、重量、密度、成熟度、色泽及内在品质等对农产品进行等级划分，按等级对农产品进行标价。这样做也便于农产品的收购、储藏、包装、流通、销售及后续加工等。所以，搞好农产品的分级，不仅可以使农产品增值，使生产者获得更多收益，更重要的是可以提升农产品的品质，更好地满足消费者的需求。

40 什么是电子商务？有什么优势？

产业兴旺篇

电子商务是一种新型的商业运营模式，通常指在互联网环境下，买卖双方不用见面就能实现消费者的网上购物、商户间的网上交易和在线电子支付等各种商务活动、交易活动、金融

活动和相关的综合服务活动。电子商务的类型很多，基本类型有 B2B、B2C、C2C 三种，在此基础上又演变出较多的类型。与传统商务活动相比，电子商务具有以下优势。

降低交易成本： 通过网络营销活动降低促销费用、降低采购成本。

减少库存： 市场需求信息及时传递给企业，也同时传递给供应商，从而实现零库存管理。

缩短生产周期： 电子商务可以信息共享协同工作，从而最大限度减少生产等待的时间。

增加商机： 电子商务 24 小时全球运作，业务可以开展到传统商务所达不到的市场范围。

提供个性化服务： 通过与客户进行良好沟通，可以为顾客订制商品。

41 如何应用 B2B、B2C、C2C 型电子商务？

目前，电子商务主要有 B2B、B2C、C2C 三种类型。

B2B（Business to Business）型电子商务： 指在互联网上，采购商与供应商谈判、订货、签约、接收发票、付款、索赔处理、商品发送管理和运输跟踪等所有的活动。简单地说，B2B 型农产品电子商务就是企业型农户通过网络为其他企业提供原材料。农户可以根据自身情况在一些网站注册并发布营销业务信息，在此提供三个网站作为参考：中国农业信息网、中国农产品网、阿里巴巴网站。

B2B

企业型农户　　其他企业

B2C（Business to Consumer）型电子商务： 指企业与消费者之间的电子商务，通过网上商店实现网上在线零售，满足消费者需求的活动。简单地说，B2C 型电子商务就是企业型农户通过网络为消费者提供果蔬产品。农户可以根据自身情况在一些网站注册并发布营销业务信息，在此提供以下网站作为参考：天猫商城、京东商城、我买网、顺丰优选。

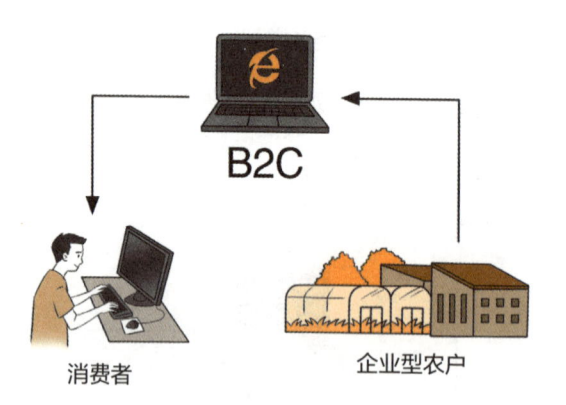

C2C（Consumer to Consumer）型电子商务：
指消费者与消费者之间的电子商务。它以个人之间的交换为主要目的，买卖双方通过一个第三方的在线交易平台进行交易。买卖双方只能是自然人。简单地说，C2C 型电子商务就是个人型农户通过网络为消费者提供果蔬等农产品。农户可以根据自身情况在一些网站注册并发布营销业务信息，如淘宝网、微店、微博、微信和抖音、快手营销等。

产业兴旺篇

C2C

消费者　　个人型农户

生态宜居篇

42 为什么说保护环境与致富增收不矛盾呢？

绿水青山
就是金山银山

"**绿水青山，就是金山银山。**"事实证明，保护生态环境和增收致富是不矛盾的。在一定时期内，以牺牲生态环境为代价的掠夺式的粗放发展会带动经济的快速发展，但这种发展最终会因为生存环境的极度恶化和资源的浪费而受到惩罚和付出代价。

我们通过保护环境，可以有效控制农区大气、农业用水和农田土壤的污染。以保护环境为目的，推动粗放农业发展方式的转变，还可有效节省灌溉用水，提高土壤有机质含量，降低生产成本，从而达到增产增收的效果。例如，拓展环境友好型农业发展空间，积极发展有机产品种植，实现经济效益大幅提升。

生态环境得到有效改善后，招商引资吸引力增强，产业发展渠道拓宽，充分结合区域优势，着力培育带动力强的产业，实现区域经济的多样化发展，可为当地村民走出致富增收的新路子。由此可见，**环境保护工作与推动产业发展、群众致富增收紧密相关。**

生态宜居篇

43 什么是农业面源污染？如何防治？

过量使用化肥

农业生产废弃物乱堆乱扔

不安全用药

禽畜尸体随意丢弃

农业面源污染，指农业生产，主要是种植、养殖过程中，使用的化肥、农药、激素等和所产生的秸秆、禽畜尸体、粪尿等，以及病虫菌等分散污染源引起的，对土壤、水源、大气等生态系统的污染。农业面源污染与有固定、可查究污染源的点源污染（如工业企业污染）相比，时空范围更广，不确定性更大，成分、过程更复杂，更难以控制。当前，农药的不正当使用、化肥的过量施撒、不可降解农膜的随意丢弃、秸秆的露天焚烧、大型养殖场禽畜粪便甚至尸体不做无害化处理随意堆放丢弃等落后的生产方式和非科学的经营管理理念，是造成农业环境面源污染的重要因素。特别是在水体污染中，农业面源污染占河流和湖泊富营养问题的 60%～80%。

如何防治农业面源污染呢？

科学施肥。采用测土配方施肥，严格按照专业人员提供的配方，根据天气、土地、农作物情况等决定施肥方法和数量，并结合化肥深施、有机肥及无机肥配施等技术施肥，可以提高肥效、增加产量、改良土壤。

规范农药使用。建立安全用药制度，禁止使用高毒高残留农药，使用高效低毒低残留农药，严格按照说明书要求使用农药；喷药在清晨或傍晚为宜，避免强风时喷洒；喷药后，不要在喷雾器内存放农药，喷雾器应及时清洗干净；用完后的农药玻璃瓶应该打碎，金属罐桶应该压扁，掩埋在1米深的土壤中；清洗所用的抹布应掩埋或焚烧，防止二次污染。

综合防治病虫害。 主要包括：利用耕作、栽培、育种等农事措施来防治农作物病虫害；利用生物技术和基因技术防治农业有害生物；应用光、电、微波、超声波、辐射等物理措施来控制病虫害。

农业废弃物循环利用。 采取标准化养殖、清洁养殖，发展循环农业，使秸秆、禽畜粪便等各种农业废弃物能够得到更有效的利用，如实现秸秆综合利用、将农田薄膜回收处置、使用新型可降解农膜材料等。

44 什么是农业面源污染的"一控两减三基本"？

为加强农业面源污染防治工作，农业农村部提出到2020年实现"一控两减三基本"的目标，既要有效保障我国粮食供给安全、农产品质量安全和农业环境特别是产地环境的安全，又要促进农业农村生产、生活、生态"三位一体"协同发展。"一控"指控制农业用水总量和农业水环境污染，确保农业灌溉用水总量保持在3720亿立方米，农田灌溉用水水质达标。"两减"指化肥、农药减量使用。"三基本"指畜禽粪污、农膜、农作物秸秆基本得到资源化、综合循环再利用和无害化处理。

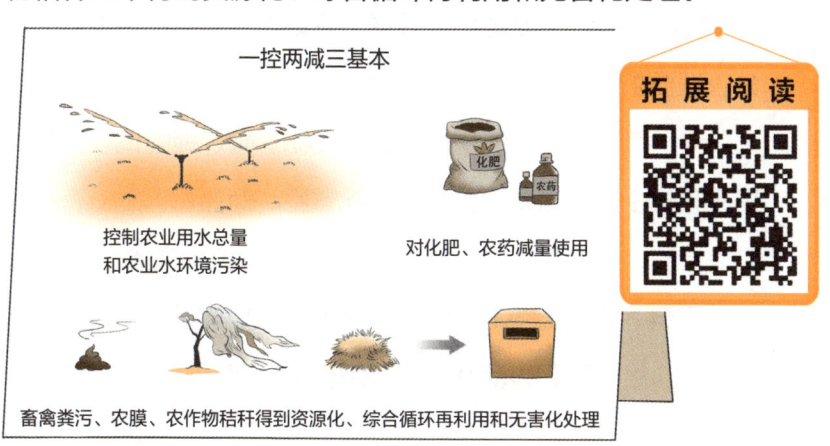

一控两减三基本

控制农业用水总量和农业水环境污染

对化肥、农药减量使用

畜禽粪污、农膜、农作物秸秆得到资源化、综合循环再利用和无害化处理

拓展阅读

45 怎么才能既减少施用化肥又保证粮食增产呢？

化肥是重要的农业生产资料，在促进粮食增产和农业生产发展中发挥了巨大的和不可替代的作用。但化肥过量施用，带来肥料利用率不高、土壤肥力退化尤其是酸化严重、环境污染等诸多弊端。为促进农业持续增效，保护生态环境，推进绿色增产，必须减少化肥不合理施用，树立增产、经济、环保施肥的理念，推进科学施肥，促进耕地质量保护与提升。围绕"精、调、改、替"，促进农业节肥增效。

精，即推进精准施肥。根据土壤条件、作物产量潜力和养分管理要求，合理施肥，减少盲目施肥行为。

调，即调整化肥使用结构。优化氮、磷、钾配比，促进大量元素与中微量元素配合。加大配方肥、商品有机肥、有机无机复合肥、缓控释肥料、水溶性肥料、叶面喷施肥料、功能微生物肥料、复合微生物肥料、土壤调理剂等新型肥料的应用，淘汰低含量单质肥料品种，提高肥料利用率。

改，即改进施肥方式。首先是机械施肥。按照农艺农机融合、基肥追肥统筹的原则，因地制宜推进化肥机械深施、机械追肥、种肥同播等技术，减少养分挥发和流失。其次是水肥一体化。结合高效节水灌溉，使用滴灌施肥、喷灌施肥等技术，促进水肥一体下地，提高肥料利用效率。再次是适期施肥技术。合理确定积肥施肥比例，因地、因苗、因水、因时分期施肥，因地制宜使用叶面喷施和果树根外施肥技术。最后是肥深施技术。结合翻耕整田，将基施化肥翻压深耕，减少化肥，尤其是氮的挥发损失。

生态宜居篇

替，即有机肥代替化肥。合理利用有机养分资源，用有机肥替代部分化肥，实现有机、无机相结合。首先是有机肥资源化利用。引导积造农家肥，推广应用商品有机肥，支持增施有机肥。其次是秸秆养分还田。禁止焚烧秸秆，推进秸秆粉碎翻压还田、快速腐熟还田、过腹还田和旱作盖草还田，应用秸秆粉碎、腐熟剂施用、土壤翻耕、土地平整一体化操作机械，使秸秆取之于田、用之于田。最后是因地制宜种植绿肥。充分利用冬闲田，实行养地作物与用地作物轮作，推广种植冬绿肥、秋绿肥和经济绿肥。在有条件的地区，施用根瘤菌等具有固氮作用的微生物肥料，促进花生、大豆和紫云英等作物固氮肥田。

有机肥代替化肥

46 什么是农业废弃物？

农业废弃物也称农业垃圾，是在农业生产、农产品加工、畜禽养殖业和农村居民生活排放的有机类物质的总称。一般指：①农田和果园残留物，如秸秆、残株、杂草、落叶、果实外壳、藤蔓、树枝和其他废物。②牲畜和家禽粪便，以及栏圈铺垫物等。③农产品加工废弃物，如甘蔗渣和甜菜渣等。④人粪尿以及生活废弃物。

通常我们所说的农业废弃物主要指农作物秸秆和畜禽粪便，还包括病死畜禽、废旧农膜，以及废弃农药包装物等。

甘蔗渣

秸秆

生活废弃物

畜禽粪便

47 秸秆如何变废为宝？

秸秆是农作物茎叶（穗）部分的总称，通常指小麦、水稻、玉米、薯类、油料、棉花、甘蔗和其他农作物在收获籽实后的剩余部分。农作物光合作用的产物有一半以上存在于秸秆中，秸秆富含氮、磷、钾、钙、镁和有机质等，是一种具有多用途的可再生的生物资源。秸秆可以变废为宝，实现肥料化、饲料化、基料化、能源化和工业化利用。比如，可以通过秸秆直接还田、堆沤还田、秸秆生物反应堆等实现肥料化利用；可以通过青储、压块等实现饲料化利用；可用作栽培食用菌实现基料化利用；可以用来生产沼气、燃气等实现能源化利用；可以用来生产板材等实现工业化利用。

能源化

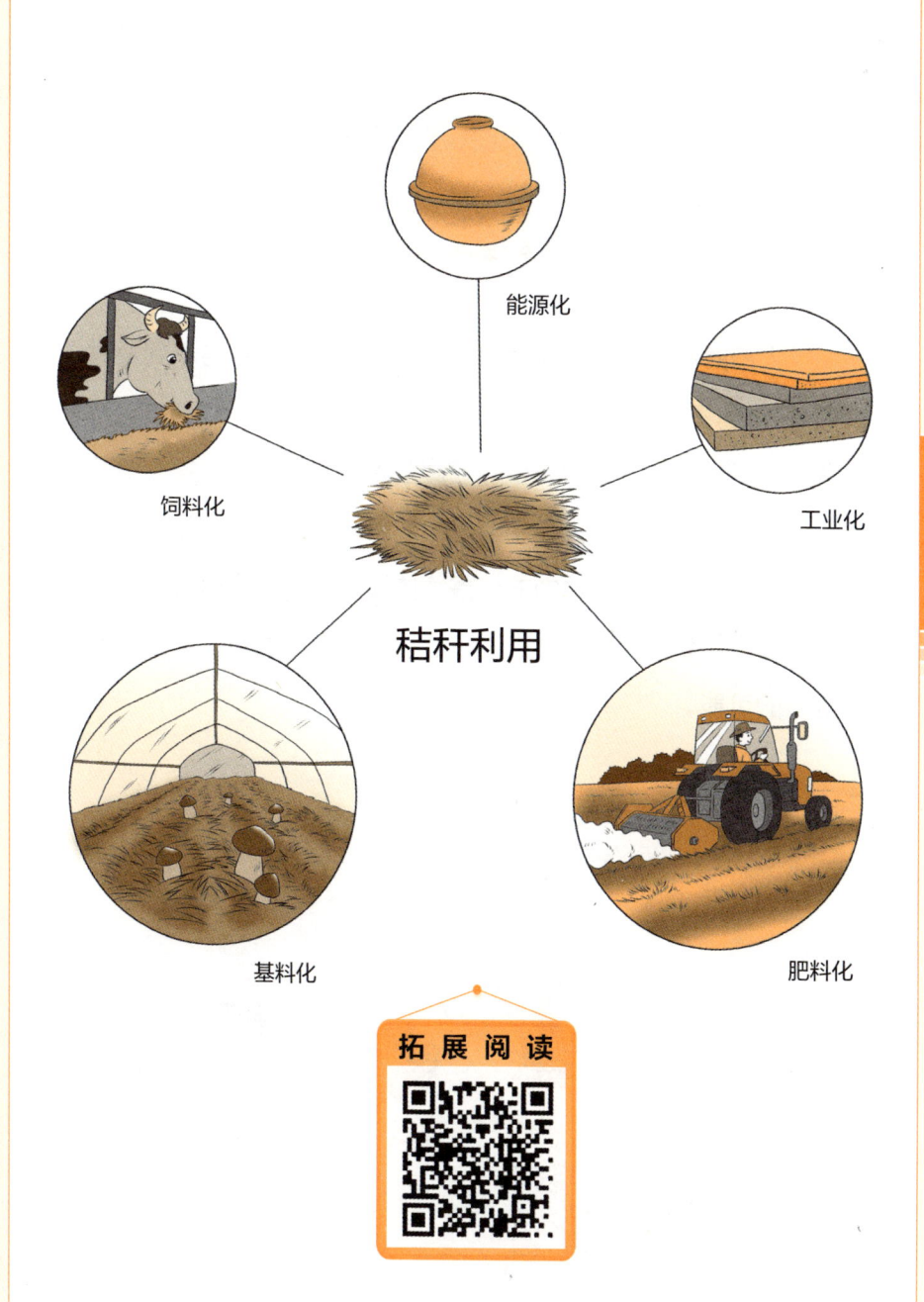

饲料化

工业化

秸秆利用

基料化

肥料化

拓展阅读

生态宜居篇

89

48 人畜粪便随意丢弃会有什么危害？

人畜粪便是农村环境污染的主要来源之一，若得不到及时有效处理，不但影响村容整洁还会对农村居民的健康造成威胁。同时，畜禽粪便中包含大量的致病菌和寄生虫卵，如果粪便不经处理直接施肥或者丢弃，容易造成各种寄生虫病和肠道传染病的传播和流行。粪便中的有害气体挥发会造成恶臭污染，而且粪便也是夏季蚊蝇等昆虫寄生的地方，这为病菌传播提供了更多的可能。

49 什么是沼气生产技术？

沼气生产技术指将人、畜禽粪便，秸秆等农业有机废弃物在沼气池内厌氧发酵产生沼气和沼肥（沼液与沼渣的总称）的技术。 沼气可用来做饭、取暖，沼肥可以为果园、菜园和茶园提供优质肥料。农村沼气可分为户用沼气和小、中、大型沼气工程。2000年前以农村户用沼气为主，随着青壮年农民进城务工的增加和农村一家一户散养牲畜的减少，农村户用沼气池已不能满足当前农民的需要，逐渐开始发展大中型沼气工程。在沼气综合利用方面，20世纪90年代末期人们已开始将沼气技术与农业生产技术结合起来，形成了以南方"猪-沼气-果"和北方"猪-沼气-温室-蔬菜"为代表的农村户用沼气发展模式。

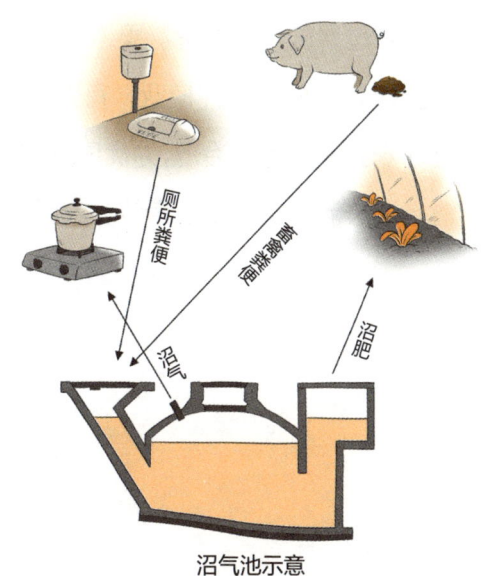

沼气池示意

50 什么是果（菜、茶）沼畜循环农业技术模式？

果（菜、茶）沼畜循环农业技术模式指把沼气生产与大宗高效经济作物和畜牧业连接起来，形成以沼肥施用为纽带的果（菜、茶）沼畜良性循环的农业。这种循环模式既可以消纳农业废弃物，也可以通过沼肥施用有效提高土壤有机质，还能够有效替代或部分替代果园、菜园、茶园的化肥施用，有助于减少化肥过量施用的情况。果（菜、茶）沼畜循环农业技术模式，可上接养殖业下连种植业，有效消纳畜禽养殖粪污等废弃物，推动农业面源污染治理，为优质高端**"菜篮子""果盘子"**和**"茶盒子"**产品供给和农业增效、农民增收提供重要支撑。

51 农村的"白色污染"是什么?怎么处理呢?

"白色污染"是人们对难降解的塑料垃圾残留(多指塑料袋、塑料薄膜)导致环境污染的一种形象说法。各类塑料制品在日常的生产生活中广泛使用,大量丧失利用价值的塑料废弃

物被随意乱丢放，导致环境严重污染。目前，塑料制品已经渗透到生活的每个角落，而在广大农村，农膜残留现象十分普遍。农村白色污染主要是由农用薄膜、包装用塑料膜、塑料袋和一次性塑料餐具（以上统称塑料包装物）的随意丢弃所造成的环境污染。

　　如何从身边小事做起，减少白色污染，保护我们的生活环境呢？

　　（1）农业生产中尽量使用可降解或者厚度标准符合要求的易于回收利用的塑料薄膜。

　　（2）做好垃圾分类，将难降解的塑料垃圾单独收集，送到回收站回收。

　　（3）外出就餐、购买食物时，尽量避免一次性餐盒和塑料袋的使用。

　　（4）购物时自带环保型购物袋，尽量少用或不用商店提供的塑料袋。已有的塑料袋，应该重复利用，尽量延长其使用寿命，无法继续使用时送到收集点回收处理。

52 怎么进行农田残膜污染综合防控？

由于地膜的一次性使用，大量的残膜碎片残留在土壤中，像棉絮一样密密地包裹在农作物根系周围，使农作物的根系生长受阻，造成产量下降。此外，裸露在地表的残膜碎片如果与牧草混杂在一起，被牲畜误食，就会造成牲畜消化不良，甚至死亡。所以，必须采取有力措施防止农田地膜的污染。

购买地膜时尽量购买厚度大于0.01毫米的地膜，且选择印有"使用后请回收利用，减少环境污染"字样的地膜。并且综合采用以下四种方式。

一膜多用： 指覆膜前茬作物收获后，保护好地膜，当年或翌年春季，在原有地膜上播种后茬作物的一种免耕抑蒸保墒增温技术。

使用生物降解地膜： 降解地膜可通过自然界中的微生物侵蚀或者太阳光的氧化作用达到降解，从而避免塑料地膜对农田土壤的污染。

机械化地膜回收： 指使用残膜回收机械对农田当年地表残膜及历年残留在耕层的残膜进行回收。回收可以在秋后、作物苗期（头水前）进行，也可以针对历年耕层内的残碎膜，结合秋翻、春耕犁地（作物播前）进行残膜回收作业。

残膜回收造粒： 废旧农膜进行回收后，可以处理加工成再生 PE 颗粒，之后再加工成 PE 管材、塑料容器、地面井盖等再生塑料制品，有效实现资源循环再利用。

53 对病死的畜禽怎么进行无害化处理？

病死的畜禽未经无害化处理或随意处理，不仅会引起严重的环境污染，还有可能引起重大动物疫情，一旦病死畜禽流向市场和餐桌，会对人们的食品安全造成威胁。所以，对待病死畜禽，养殖户不能随意处理，要严格按照**《病死及死因不明动物处置办法》《病害动物和病害动物产品生物安全处理规程》**这两个规范中的要求进行操作处理。

一是对所有病死畜禽尸体及其排泄物、被污染或可能污染的饲料、垫料和其他物品进行无害化处理。对病死畜禽尸体体表、生前圈舍、活动场地要在清扫、冲刷的基础上，进行完全彻底的喷洒消毒。在畜禽尸体运输深埋的过程中，对运载工具底部要用密闭的防水物品铺

垫，上部充分遮盖，运输完毕后，运载工具应进行彻底清洗和消毒。

二是对病死畜禽进行焚烧时产生的烟气应采取有效的净化措施，防止烟尘、一氧化碳、恶臭等对周围大气环境造成污染。不具备焚烧条件的畜禽养殖场应设置2个以上安全填埋井，填埋井应为混凝土结构，深度大于2米，直径1米，井口加盖密封。掩埋地点应远离学校、公共场所、居民住宅区、村庄、动物饲养和屠宰场所、饮用水源地、河流等地区。进行填埋时，在每次投入畜禽尸体后，应覆盖一层厚度大于10厘米的熟石灰，病死畜禽尸体及污染物上层应距地表1.5米以上；填满后，须用黏土填埋压实并封口。掩埋后的地表环境应使用有效消毒药喷洒消毒。

54 农药包装废弃物怎么回收利用和集中处置呢？

　　用完的农药包装物中，会残留有一定的农药，切不可再用于包装食品等与人接触密切的物品。随意丢弃农药包装物，可能导致水体中的鱼虾死亡、家畜甚至儿童中毒。由于农药这一类有毒物质易于迁移，也不能随意地填埋，这会导致地下水受到污染。目前我国有些地区农户习惯采取简单的敞开式焚烧处置的方法，这样产生的危害也是很大的。农药包装物多为聚氯乙烯等材料，加之其中残留的农药，随意的焚烧会导致大量有毒烟气的产生，形成较为严重的二次污染，直接影响焚烧场地附近的人员健康安全。

　　可以采取以下措施进行处置。

　　（1）宣传和鼓励农药使用者在使用过程中通过多次清洗等方式提高农药利用率，减少、清除农药包装废弃物内的残留农药，并主动对包装废弃物进行分类回收，就近送交相关的农药经营单位或指定回收点。

（2）各地的农药经营单位或回收点应妥善回收和处置这些农药包装物，或交由专业机构处置，减少环境健康风险。

（3）农药经营和使用者应当设立农药包装废弃物回收台账，记录包装废弃物的类型、数量、回收日期、去向等信息。

（4）对使用者不明确或者已经被丢弃的农药包装废弃物，应由当地政府布局建设的农药包装废弃物回收网络或专业化服务机构负责有偿收集、回收。公众可积极上报和提供相关农药废弃物回收信息。

55 剩余药液应该如何处理？

结束施药后，如果还没有用完喷雾器中的药液，要妥善进行处理，严禁倒入堰塘、沟渠和水库等地方，避免对环境造成污染。可按照以下方法对剩余药液进行处理：①考虑在另一块适用的作物上把药液喷完。②如果没有合适的地块，可以把剩余药液加10倍水稀释后倒在喷过药的地里，但总量一定不要超过农药使用剂量，避免土壤中农药残留超标和农作物中农药残留超标。③对于果园等频繁用药的地方，可以把剩余药液收集起来，下次喷雾时再喷洒。

不可以把剩余药液倒入河流、堰塘、沟渠、水库以及路边等

56 什么是外来生物入侵？如何防治外来生物入侵？

外来生物入侵，指外来的生物（包括植物、动物和微生物）通过各种方式进入一个新环境，损害新环境的生物多样性、农林牧渔业生产，危害人类健康，从而造成经济损失和生存灾难的过程。

在我国，外来生物入侵的例子有很多。例如，为解决猪饲料问题引入水葫芦，造成了当地原有水生植被的消亡，对水产养殖造成很大伤害，同时还导致水道淤塞，对航运、水力发电设施都造成影响；红火蚁在厦门翔安区新店镇横行，咬伤村民，村民谈蚁色变；用来致富引进的福寿螺，反而成了农田灾害，造成农作物大量减产；广西柳州的食人鱼伤人事件也是由外来生物入侵造成的。

防治外来生物入侵，第一，国家要加强检疫，防止无意引进物种；第二，针对引进的物种，切实做好风险评估；第三，对已入侵的物种，要及时进行控制和铲除。对我们个人来说，出国旅游时不要携带生鲜、果品和生物出入境，如果携带了要主动接受并积极配合有关部门的检查；发现异常物种或现象，要及时向相关部门报告。

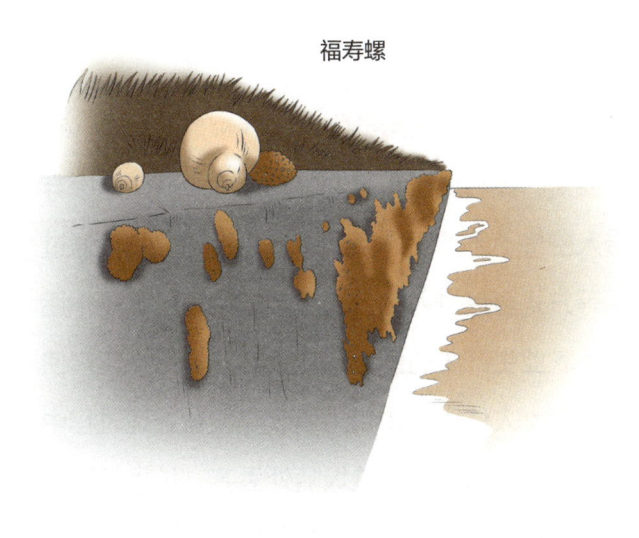

福寿螺

水葫芦

57 农村恶臭主要来自哪里？

农村恶臭污染有的来自**企业污染物对大气造成的污染**，有的来自**农村生产生活**。燃料燃烧和工业生产过程中产生的废弃物将恶臭物质带入空气；工业生产活动中产生的恶臭物质通过跑、冒、滴、漏等方式直接进入空气或流散在地表及水体中逐渐挥发进入空气；农业生产中的畜禽饲养及部分农作物腐烂使得恶臭物质进入空气；人体排泄物和生活废弃物在处理过程中可使恶臭物质进入空气；农村生活垃圾随处丢弃，垃圾腐败释放的臭气也是农村恶臭的主要来源。农村恶臭问题的关键所在是人畜排泄物、农业废弃物和生产生活垃圾的处置不当以及厕所、垃圾处理场等设施的落后和不健全。

58 什么是农村厕所革命？

"一个坑，两块砖，三尺墙，围四边，捂鼻子，踮脚尖，蚊蝇飞，臭熏天"，这首顺口溜是过去农村厕所脏乱差的真实写照。为让群众真正过上干净舒适的生活，2017 年，国家推动新一轮"厕所革命"，即通过无害化厕所改造、厕所粪污处理，以及无害化利用等方式来解决农村厕所污染等问题。在改善农村人居环境的同时，也为农民朋友提供安全健康的如厕环境，让农民生活条件和生活环境得到同步改善。随着厕所革命的推进，农村的露天厕所、户外临时厕所、农村简易公厕等将被拆除，逐步被无害化卫生厕所取代。

厕所革命

无害化卫生厕所

拓展阅读

59 什么是无害化卫生厕所？对其都有什么要求？

无害化卫生厕所指把厕所的粪池建成三格化、双瓮等形式的处理池，或与沼气池连通，使粪便得到及时处理，从而灭活粪便中的寄生虫卵及致病微生物，实现粪便无害化处理的厕所。通常情况下，厕所由便器、储粪池和厕屋（卫生间）三者构成。无害化卫生厕所要求有墙、有顶，储粪池不渗、不漏、密闭有盖，厕所清洁、无蝇蛆、基本无臭，粪便必须按规定清除。

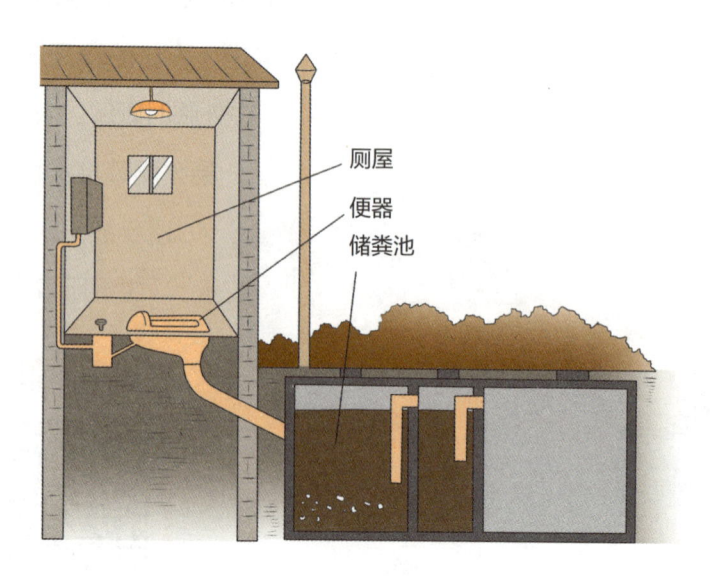

60 如何防治农村生活垃圾污染？

农村垃圾的治理不能只做简单的垃圾转移，而是要走减量化、资源化、无害化的道路。第一，要建立垃圾收运系统，推行垃圾分类收集。推行生活垃圾分类收集后，不需要日产日清，可以每周1～2次集中清运，这样可以有效降低垃圾收集运输成本。一些地区实行的"村收集、乡镇运输、县集中收集"的模式十分有效。对于偏远的城镇，垃圾量小，可以先建立简易垃圾填埋场或分类堆放场。第二，要把可利用的垃圾回收利用起来。对有机垃圾和渣土等就地资源化利用，可燃垃圾能源化利用，废塑料、废玻璃、废纸等回收再利用。第三，要规划建立垃圾的处理处置系统，将不能回收、不能堆肥处理的垃圾收集起来集中处理。

61 如何进行农村生活垃圾分类？

目前，垃圾分类的具体原则是：可回收物与不可回收物分开；可燃物与不可燃物分开；干垃圾与湿垃圾分开；有毒有害物质与一般物质分开。具体的分类要根据当地的生活垃圾处理方法进行处理。

我国一般将农村生活垃圾分为四类：第一类为可堆肥易腐烂的有机垃圾，主要有厨余垃圾、植物残体等，可用来堆肥或用作牲畜饲料。第二类为无机垃圾，主要有煤渣、泥土、建筑垃圾等，可用来修路或进行填埋处理。第三类为可回收垃圾，主要有废纸、碎玻璃、废橡胶、废塑料等，可以通过经济手段，回收再利用。第四类为有毒有害垃圾，主要有农药瓶、药物、电池、灯管等，需要专门进行无害化处理。

农村生活垃圾类型及处理方向表

垃圾类型	特点	组成成分	危害	处理方向
有机垃圾	易腐，主要为厨余垃圾、植物残体	厨余垃圾（包括丢弃不用的菜叶、剩菜、剩饭、瓜果皮、蛋壳、茶渣、骨头等）、草木灰、植物残体（竹木、草等）	腐烂发臭，滋生细菌，易导致蝇鼠猖獗，污染大气、土壤、水体，破坏村容	畜禽消纳，直接还田，堆肥，制作燃料，生产沼气
无机垃圾	性质稳定，不可回收	煤渣、建筑垃圾（砖瓦、石块、陶片、混凝土等）、泥土等	堵塞河道渠沟，侵占农田，破坏村容	修路，筑堤，建筑填土，填埋
可回收垃圾	可回收，可再利用	废塑料、纸、玻璃、金属、废旧家具电器、织物、皮革、橡胶等	影响土壤质地，破坏村容，侵占农田，引发事故	利用经济手段，疏通回收渠道，集中处理，再利用
有毒有害垃圾	有毒，易燃易爆，有腐蚀性	农药瓶、药物、电池、灯管、油漆桶、发胶罐、摩丝罐、废旧磁带盘等	影响农产品质量，可使人中毒，引发事故，破坏村容	加强监督管理，集中安全处置

62 保护农村大气环境，我们能做些什么？

保护农村大气环境就要避免造成大气污染的行为。我们能做的主要有以下几点。

（1）减少直接露天焚烧秸秆、垃圾、树叶等可燃物，增加清洁燃料的使用。

（2）不乱丢垃圾，不乱堆放畜禽养殖废弃物，以免产生的有味、有害气体对大气造成污染。

（3）购买环保农用车，选择标准等级油品。

（4）行使环境监督权，利用法律武器，抵制影响农村大气污染的工矿企业。

直接露天焚烧　　乱丢垃圾

超标排放农用车　　工矿企业

63 保护农村土壤环境，我们能做些什么？

土地是我们赖以生存的最基本的生产资料，只有有效保护土壤环境，才能从土地收获更多的优质农产品。

在农业生产中，应尽量控制农用化学品的用量，避免生活污水不经处理直接排放，防止土壤板结和土壤酸化。

在生活中，不乱丢垃圾，尤其是对严重危害土壤环境的废旧电池、塑料包装等应及时回收，注意垃圾分类，防止重金属和废弃塑料污染土壤。

对违法采矿、盗掘土壤等其他侵害土壤健康的行为采取合理的方式进行制止。

控制农用化学品的用量

注意垃圾分类

制止违法采矿、盗掘土壤等

生态宜居篇

乡风文明篇

64 什么是社会主义核心价值观?

社会主义核心价值观
富强 民主 文明 和谐
自由 平等 公正 法治
爱国 敬业 诚信 友善

党的十八大明确提出了社会主义核心价值观的基本内容，即三个倡导：倡导富强、民主、文明、和谐，倡导自由、平等、公正、法治，倡导爱国、敬业、诚信、友善。

"富强、民主、文明、和谐" 是我国社会主义现代化国家的建设目标，是新时代实现社会主义现代化强国的前提和基础，在社会主义核心价值观中居最高层次，对其他层次的价值理念具有统领作用。

"自由、平等、公正、法治" 是社会主义核心价值观在社会层面上的价值取向，是基于社会集体层面对社会主义核心价值体系的高度凝练，反映了中国特色社会主义的基本属性，是中国共产党矢志不渝、长期实践的核心价值理念。

"爱国、敬业、诚信、友善" 是社会主义核心价值观在公民层面上的价值准则，是对公民道德方面的基本要求。它符合当前社会主义道德建设的根本需求，传承了中华民族精神重要的文化基因和民族情怀，彰显了中国特色和中国元素的内在价值。

社会主义核心价值观是我国社会制度的核心，引领与支配着社会大潮流的价值趋势与选取，是社会主义科学文化的核心。

65 为什么说乡风文明是乡村振兴的灵魂？

乡风指乡村的风气，可以是村里的习俗、村民的信仰、观念，以及整个村的精神面貌等。**乡风文明指乡村里一种好的风气，它是乡风中积极的、优秀的部分，也是乡村文化中重要的组成部分。**

只有乡风文明建设好了，乡村整体的文化、精神面貌才会呈现出积极的、进步的状态，才会建立起乡村良好的社会秩序，形成良好的道德氛围和社会风尚，从而为乡村各项事业的发展奠定坚实的文化基础，营造出良好的乡村社会环境。

同时，乡风文明建设通过传播优秀文化、提供公共文化产品使村民的道德素养得到进一步提升，增强村民的参与意识，让村民意识到自己是村里的一分子，从而促进村民积极参与村内建设的各项事务，也为乡村振兴提供了人才保障和智力支持。

所以说乡风文明是乡村振兴的灵魂，它会使乡村变得更有活力，推动乡村更好地向前发展。

乡风文明篇

66 什么是乡土文化？

乡土文化指以乡村为依托，在历史发展过程中逐渐形成的具有当地特色的文化现象。它可以包括千年古树、古建筑遗址等物质文化，也可以包括村规民约、传统习俗（如闹元宵）、民间技艺，以及家谱、族谱等非物质文化，无论是物质的还是非物质的都是不可替代的无价之宝。

乡土文化可以将分散的村民重新凝聚起来，共同的文化、相同的语言、独特的传统技艺与民风习俗可以激发人们对乡村的记忆，可以打破村民彼此之间的距离感，像黏合剂一样把大家聚集起来，将会为乡村建设带来强有力的文化支撑。同时，在发展当地文化产业时，也要重视打造特色乡土文化产品，为乡村的发展带来新的经济活力。

在乡村发展过程中，对乡土文化的保护和传承，必须涵盖物质的、非物质的各个领域，而且保护始终是第一位的。同时也要加以创新性的发展，与时俱进，不断挖掘其价值，在继承与发展乡土文化的基础上推动乡村振兴。

67 如何传承和保护乡土文化？

乡土文化进课堂

乡土文化的传承与保护需要有良好的发展环境，政府应该制定相关政策与法规，加大对传统村落和自然村落的保护力度。

鼓励发展乡土文化，制定相关优惠政策，挖掘民间的乡土文化人才，保证乡土文化不断层，培养能扎根地方文化、乡村文化的高水平创作人才，促使更多的人去保护和继承乡土文化，保护乡土文化，留住美丽乡愁。

做好乡土文化的宣传工作。可以让乡土文化走进课堂，通过让孩子**去参观、去体验、去领悟**乡土文化，从孩童开始就懂得去传承和保护；也可以让乡土文化重归百姓的生活中，举办一系列关于乡土文化的相关活动，发掘优秀传统乡土文化活动，支持群众性艺术活动，有效保护乡土文化中的物质遗产与非物质遗产。

68 什么是乡村特色文化产业？

乡村特色文化产业指以乡村社会为生长土壤、以广大乡民为参与主体、以乡村文化资源为重要依托的文化创意、文化生产和文化服务等经营活动。 它具有地域专属性、资源独占性、绿色生态性、知识创新型和福利服务型，呈现鲜明的地方特色和浓郁的乡土气息。可以打造以乡村民间艺术、乡村耕织、乡村旅游、乡村美食等为主要内容的相关产业，如乡村旅游产业、影视产业、民俗文化产业（剪纸、瓷器、年画、皮影）等。

69 如何打造传统民俗文化产业？

传统民俗文化产业指利用现代科学技术和经营理念对传统民俗进行价值挖掘和再利用，打造符合现代市场需求的文化产业链，有利于促进当地的经济发展。 比如，山西晋城的司徒小镇。该镇在 2016 年加大投入，在春节期间精心打造以打铁花、迎春灯为核心，以农博馆、面食文化体验馆等为辅助，各种传统文化元素相融合的文化展演模式，吸引了许多游客前去观赏，带来了可观的经济收入。

传统民俗文化产业的发展离不开政府的大力支持，政府应以做足规划、认清现状、加大财政投入、衔接外部资源、制定优惠政策等来全面推动当地传统民俗文化产业的发展。

传统民俗文化产业要做好，要走向全国甚至面向世界，就要把当地品牌做好，做到规模化和产业化。各地应根据地域特色进行品牌规划，要以点带面，做大做强，形成独具特色的文化产业体系。比如，提起刺绣，大家就会想到苏绣、湘绣、蜀绣和粤绣。同时也要关注市场的需求，根据消费者的不同喜好进行设计，开拓市场。

传统民俗文化产业的发展离不开人才，需要有人来继承和发展。比如，打铁花只有专门的人员才可以进行表演；传统民俗文化也需要人才来制订其未来规划和发展方向，既需要技术人才也需要智慧人才。因此，可以通过技术培训、引进人才等方式来推动传统民俗文化产业的研究与开发。

70 什么是农业文化遗产？

农业文化遗产指人类在历史时期农业生产活动中所创造的以物质或非物质形态存在的各种技术与知识集成，主要包括**农业遗址、农业工具、农业文献、农业民俗、农业技术、农业物种、农业工程、农业景观、农业品牌、农业村落**等多种类型。它是人类在长期发展过程中总结的宝贵经验，对于现代农业的发展具有重要作用。

农业文化遗产营造的是立体农业系统，它不仅仅是农业生产，还与生态农业、有机农业、休闲农业结合起来。以河北宽城板栗种植为例，人们依据地形修建撩壕、梯田，在上种植板栗，林间种植作物和饲养家畜，最终形成梯田－板栗－作物－家禽复合生产体系。发展板栗采摘、板栗售卖、农作物自给、家畜养殖等业务，这创新了农业生产经营模式，将会大幅增加农民的收入。

农业文化遗产本身具有很鲜明的当地特色，是发展乡村旅游和休闲农业的重要资源，对其的传承和发展不仅可以保护当地环境，还可以增加村民收入。

乡风文明篇

71 我国有哪些全球性重要农业文化遗产？

全球重要农业文化遗产是世界文化遗产的一种形式，它是指乡村在长期发展过程中，利用当地独特的自然地理条件创造并发展出具有经济价值、生态价值和观赏价值的农业系统和生态景观。这是一种具有全球意义的重要资源，需要我们在继承的基础上不断去发展。

中国是最早一批响应并积极参加全球重要农业文化遗产项目的国家，目前共有15个项目进入全球重要农业文化遗产保护项目，位居世界第一。包括浙江青田稻鱼共生系统、浙江湖州桑基鱼塘系统、云南红河哈尼稻作梯田系统、江西万年稻作文化系统、贵州从江

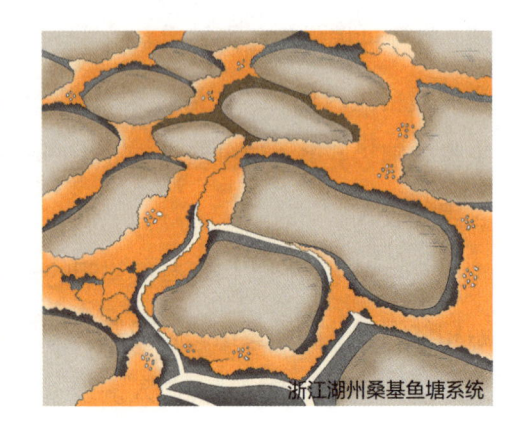

浙江湖州桑基鱼塘系统

侗乡稻鱼鸭系统、云南普洱古茶园与茶文化系统、内蒙古敖汉旱作农业系统、浙江绍兴会稽山古香榧群、河北宣化城市传统葡萄园、江苏兴化

江苏兴化垛田传统农业系统

垛田传统农业系统、陕西佳县古枣园、福建福州茉莉花和茶文化系统、甘肃迭部扎尕那农林牧复合系统、山东夏津黄河故道古桑树群、中国南方山地稻作梯田系统（包括崇义客家梯田、尤溪联合梯田、新化紫鹊界梯田、龙胜龙脊梯田）。

其中，浙江湖州桑基鱼塘系统是中国传统桑基鱼塘系统最集中、最大、保留最完整的区域。桑基鱼塘系统主要是在塘基上种植桑树，桑叶用来养蚕，养蚕过程中的蚕沙可以用来喂鱼，而鱼粪又可以滋养池塘，将肥沃的塘泥挖出来搬运到四周可以作为桑树的肥料，由此便形成了一个良性的循环，使得当地形成了丰富多彩的桑蚕文化。

72 跳广场舞有什么好处？

广场舞是人们自发组织，在广场、场院等开阔空间进行的富有韵律的舞蹈，以集体舞为表达形式，因多在广场上进行而得名。

跳广场舞有利于人们的身心健康，一般广场舞都会进行1~2个小时，每天有规律的轻微运动可以帮助人们活动关节，增强体质，达到健身的目的。同时，听音乐和跳舞也可以舒缓人们的心情，促使身心更加愉悦。

广场舞的参与者，由于爱好相同、年龄相仿，彼此间有共同的话题，谈家常，切磋舞艺，在不知不觉中建立了深厚的友谊。广场舞拉近了人们之间的距离，增强了人们的情感交流，推动了社会的和谐发展。

广场舞出现前，人们闲暇时以看看电视、聊聊天、打打牌来打发时间；广场舞出现后，中老年人相约去跳广场舞，人多热闹，赶走了寂寞，广场舞自身的美感在无形中也提升了人们

的审美情趣。跳广场舞丰富了人们的业余精神文化生活，大家在一起相互交流、相互学习，邻里之间变得更加和谐，推动了我国的精神文明建设。

　　但是跳广场舞也应分时间和场合，如果扰民，好事就变成坏事了。

73 在农村怎样举办好一场文艺演出？

农村文艺是乡村文明的重要抓手之一。近年来，在政府的大力支持下，农村文艺事业取得了良好的发展，农村文艺演出深受百姓喜爱。那么，怎样才能办好一场文艺演出呢？

农村文艺演出是为了丰富农民的业余生活，因此符合农民的口味非常重要。在前期策划时，要明确主题，选择农民所喜欢的类型和内容，要接地气，让农民看得懂，并在获得欢乐的同时也可以学到知识，明白事理，提高农民的素质。

确定主题后，节目的形式要多样，可以有相声、小品、舞蹈、歌唱等。形式多样，节目不单调，就可以调动农民的兴致，给农民带来丰富的视听体验。

选择演员时，要尽可能根据每位演员的特长安排节目。确定节目后要多次彩排，熟练节目顺序，保证节目

质量。应鼓励和支持农民朋友参与演出活动。

主题、节目、演员都确定后，演出次序、主持人的选择、串词等也非常重要。要合理安排各个节目的出场顺序，给观众带来最好的观看体验。主持人除了基本的主持，面对突发情况也应该随机应变，串词应上下连贯、具有新意。

演出时，要维护好现场秩序，注意台上演出情况，确保演出成功。

74 为什么说农村"高彩礼"是不好的风俗？

目前，我国许多农村存在"高彩礼"现象，这种现象会带来很多问题，其中最直接、最严重的便是经济问题。很多家庭因无力承担高额彩礼，通常会采用借钱等方式凑齐彩礼钱，

这便导致男方家庭负债累累，婚后过着漫长的还债生活。而且，一般婚后一年左右，夫妇就有了孩子，家庭经济负担加重，如果还要赡养老人，家庭经济可能举步维艰，导致家庭产生重重矛盾。

"高彩礼"还会带来很多社会问题。例如，个别男青年为筹集结婚彩礼，铤而走险，通过偷盗、诈骗、抢劫等手段来获得财物，走上犯罪的道路。而因"高彩礼"无法结婚的大龄男青年也容易成为影响农村社会治安的不稳定因素。"高彩礼"使婚姻夹杂了更多的经济利益，婚姻的结合不再是以感情为基础，很容易造成婚后夫妻关系不和，甚至会带来高离婚率。

"高彩礼"同时也会带来很多文化问题，颠覆了农村婚姻的传统。有些父母为了给子女办一个风光的婚礼，为了所谓的面子，毫不考虑自身的经济能力，使得农村婚礼奢靡之风越发严重。如果以金钱为中心的婚姻观大行其道，血缘、夫妻关系就会变得冷漠，这是非常可怕的。

75 农村办理丧事有哪些不好的风气？

农村办理丧事的三大陋习分别是大操大办、丧礼上乱放鞭炮、请文艺团体。

大操大办。 所谓的"大操大办"指随着人们经济水平的提高，很多儿女为了让老人走得风光，不惜花大价钱摆宴席、多买花圈、多买白布、随葬不菲物件等。有人认为"丧事办得越大，越有面子"，因此，导致一些家庭办丧事相互攀比，大操大办之风愈演愈烈。

乱放鞭炮。 在丧礼举办期间，可以说鞭炮声不断，震耳欲聋、阵阵浓烟，不仅影响他人休息，还造成了环境污染。甚至有人认为"鞭炮放得越多，老人走得

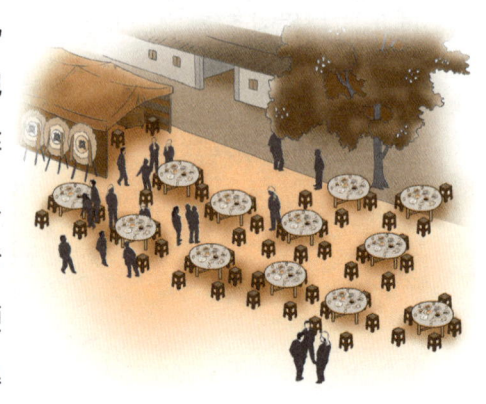

就越风光"。购买鞭炮少则花费千元，多则万元，给原本不富裕的家庭增加负担。

请文艺团体。农村丧事花样百出，甚至请文艺团体、哭丧人。在农村，超过 80 岁的老人去世被称为"喜丧"，这个时候就会请文艺团体来助兴，请哭丧人来哭丧。这些演员、哭丧者与死者非亲非故，毫无感情可言，文艺团体为钱而演戏，哭丧人为钱做哭的表演。这无疑是对传统孝道的一种莫大讽刺。如果在老人生前不孝顺，死后大操大办，这有什么意义呢？

76 应该怎样孝敬老人？

百善孝为先。 孝敬长辈，是我们中华民族的传统美德，我们应该尽心尽力地孝敬长辈，使他们老有所养、老有所依、老有所乐。

作为儿女应该保障老人基本的物质生活条件，让他们的老

年生活过得舒适，在他们生病时能够及时就医，得到照顾，让老人能够老有所养。

儿女是老人最安全的依靠，我们可以很容易做到的便是"常回家看看"。在老人需要我们的时候，及时陪伴在老人身边，对他们来说便是最好的老有所依。

作为儿女，还要让老人老有所乐。在当今社会，老有所乐不仅仅体现在物质上，更多的是精神上的乐趣，多看看、多听听、多问问，及时并体贴入微地了解老人的思想情绪。每天给老人打一个电话，带老人去旅行或故地重游，让老人多与朋友接触，帮助老人逐步养成自己的兴趣爱好等。

77 农村邻里纠纷该如何解决？

农村邻里纠纷通常表现为因宅基地、房屋使用、采光排水、禽畜养殖、日常娱乐、口舌积怨等引起的冲突纠纷。一旦出现邻里纠纷问题，调解人员应该对当事人进行走访，找到冲突的根源，运用风俗习惯调解法、心理调解法、法律调解法等，组织协调好当事人做出让步，选出最佳方案，圆满解决问题。

风俗习惯调解法：这是最常用的方法。当地的风俗习惯是由当地人自发形成、自觉遵守的行为习惯。风俗习惯对每个社会成员特别是邻里之间都有约束力，因此运用风俗习惯调解法可以有效调解、处理邻里之间的纠纷。

心理调解法：在处理邻里纠纷的过程中，也可以运用心理因素进行调解。引导当事人设身处地地体验、理解对方的感情，注意形成双方的共同感受，谅解和同情别人，能够有效地缓和矛盾，调解邻里关系。

法律调解法：当以上两种方法都解决不了的时候，可以协助当事人拿起法律的武器来解决问题，通过法律诉讼的方式来维权。

78 什么是邪教？怎样识别邪教？

邪教指冒用宗教、气功或者其他名义建立，神化群体中的主要领头分子，利用制造、散布歪理邪说等手段蛊惑、蒙骗他人，使用非道德的劝诱和操纵等技巧发展、控制成员，从而对其成员、成员的家人和社区造成伤害，一般以不择手段地敛取钱财为主要目的危害社会的非法组织。

对于邪教的识别，我们可以看以下三点：①是否制造歪理邪说，例如，"法神保护""消业治病""圆满升天""神的化身""特殊功能"等。②是否对人们的精神和思想进行控制，例如，对人进行"洗脑"、使人进入冥想、对人进行恐吓威胁、禁止怀疑、禁止退出等。③是否危害社会，例如，敛收大量钱财、活动诡秘、教导或暗示信众为达其想象的目标可不择手段、破坏家庭、残害社会、制造社会混乱等。

79 封建迷信有哪些危害？

封建迷信是封建制度下人们的一种精神寄托，是一种自我安慰的方式。封建迷信危害很大，主要表现在以下几个方面。

封建迷信会使人意志消磨，任人摆布。崇尚封建迷信之人，总是把希望寄托在神灵的保佑和鬼祟的宽容上，不相信知识和科学的力量。烧香磕头、许愿祈祷、算卦占卜等，将时间、精力和钱财消耗掉，最后创家立业的意志被逐渐消磨完。

封建迷信会使人精神虚幻，行为怪异。被封建迷信思想迷住心窍的人常常出现幻觉，误以为有神仙境界或鬼魂世界存在，总是无视客观事实，追求虚无缥缈的神仙境界。有时怕冒犯神灵、破坏运气，总是畏首畏尾，出门必看黄历等，做任何事都会受迷信思想的约束，最终精神失控，造成思想扭曲。

封建迷信会伤身害人，浪费财物。有些人过度崇拜神鬼，当自己或家人生病时，不求医吃药，只听信巫婆神汉的胡说八道，造成误诊致残甚至致死；也有些人因过度迷信风水，修庙宇，造坟墓，破坏山林和土地，浪费钱物。

封建迷信会伤害亲友，危害社会。搞封建迷信活动的人一般不管亲疏远近，以是否同道同门划线，排斥异己，疏远亲友。更有甚者会去破坏社会正常秩序，扰乱社会治安。

治理有效篇

80 为什么说乡村治理是乡村振兴的重要基础?

乡村治理是乡村振兴的重要内容，推进乡村治理体系和治理能力的现代化，是夯实乡村振兴基础的重要举措。因此，乡村治理的状况不仅直接关系着广大农民的生活和命运，而且与国家治理密切相关，影响着整个社会的发展走向。当前，人们对民主、法治、公平、正义、安全、环境等方面提出了更高的要求，这就要求乡村治理必须应对和解决乡村现实问题，使农民权益保护问题、农村空心村问题等得到有效的解决，向着良好的方向发展。从目前乡村的现实情况来看，乡村治理的确是农村工作的短板和弱项，农村的许多矛盾和问题都源于缺乏有效的乡村治理。可以说，乡村治理这个根基不能打牢和夯实，实施乡村振兴战略、推进农业农村现代化就没有保障。此外，乡村治理体系也是国家治理体系的重要组成部分，乡村治理成效与实现国家治理现代化是密不可分的。因此，乡村治理有效是乡村振兴以至于国家治理现代化的重要基础。

81. 什么是"一核心三治结合"乡村治理体系?

自治

以乡村党组织为领导核心

德治

法治

"一核心三治结合"乡村治理体系指以乡村党组织为领导核心，以自治增活力、以法治强保障、以德治扬正气的自治、法治、德治相结合的乡村治理体系。 也就是说要充分发挥党组织领导核心作用，以自治激发活力，靠法治定分止争，用德治春风化雨，加快形成以自治为本、法治为准、德治为魂的"一核心三治结合"的乡村治理格局。

坚持自治为本，就是要加强农村群众性自治组织建设，健全和创新村党组织领导的充满活力的村民自治机制。

坚持法治为准，就是要树立依法治理理念，强化法律在维护农民权益、规范市场运行、农业支持保护、生态环境治理、化解农村社会矛盾等方面的权威地位。

坚持德治为魂，就是要深入挖掘乡村熟人社会蕴含的道德规范，结合时代创新精神，强化道德教化作用，建立道德激励约束机制，引导农民向上向善、孝老爱亲、重义守信、勤俭持家，并实现家庭和睦、邻里和谐、干群融洽。

82 为什么说乡村党组织是实现乡村治理的保证？

"火车跑得快，全靠车头带。"农村基层党组织是党联系广大农民群众的桥梁和纽带，其执政能力的强弱直接关系农村改革、发展和稳定，关系党在农村基层执政地位的巩固，关系乡村振兴能否实现。事实上，在乡村治理体系中，党的基层组织是居于中心地位的，它既是党凝聚民心、发动群众、引领发展的核心，又是农村社会治理的领导者、推动者和实践者，更是落实党的目标任务、实施党的方针政策的根本组织保障。可以说，农村基层党组织是推进基层治理最重要、最活跃的力量。

83 在乡村治理中怎么发挥共产党员的先锋模范作用？

在乡村治理中发挥共产党员的先锋模范作用，就是要组织党员在议事决策中宣传党的主张，执行党组织决定；组织开展党员联系农户、党员户挂牌、承诺践诺、设岗定责、志愿服务等活动，推动党员在乡村治理中带头示范，带动群众全面参与；密切党员与群众的联系，了解群众思想状况，帮助解决实际困难，加强对贫困人口、低保对象、留守儿童和妇女、老年人、残疾人、特困人员等人群的关爱服务，引导农民群众自觉听党话、感党恩、跟党走。

84 什么是村民自治？

村民自治，简单地说就是"事情办不办，村民说了算"，即广大农民群众直接行使民主权利，依法办理自己的事情，创造自己的幸福生活，实行自我管理、自我教育、自我服务的一项基本社会政治制度。村民自治的核心内容是**"四个民主"**，一是**民主选举**，把干部的选任权交给村民；二是**民主决策**，把重大村务的决定权交给村民；三是**民主管理**，把日常村务的参与权交给村民；四是**民主监督**，把对村干部的评议权和村务的知情权交给村民。只有这样，才能真正地实现村民自治。

85 什么是法治乡村？

  法治乡村就是在普法宣传、全面提高居民法律意识和法制水平的基础上，使乡村治理体系在法治化的轨道上运行，治理过程中的任何一环都不与法治的要求相悖的乡村。怎么才能做到法治乡村？

（1）坚持法治为本，树立依法治理理念，强化法律在维护农民权益、规范市场运行、农业支持保护、生态环境治理、化解农村社会矛盾等方面的权威地位。

（2）增强基层干部法治观念、法治为民意识，将政府各项涉农工作纳入法治化轨道。

（3）深入推进综合行政执法改革向基层延伸，创新监管方式，推动执法队伍整合、执法力量下沉，提高执法能力和水平。

（4）建立健全乡村调解、县市仲裁、司法保障的农村土地承包经营纠纷调处机制。

（5）加大农村普法力度，提高农民法治素养，引导广大农民增强尊法、学法、守法、用法意识。

（6）健全农村公共法律服务体系，加强对农民的法律援助和司法救助。

86 什么是村规民约？

村规民约是村民群众依据党的方针政策和国家法律法规，结合本村实际，为维护本村的社会秩序、社会公共道德、村风民俗、精神文明建设等方面制定的约束规范村民行为的一种规章制度。 村规民约的内容主要分为两个方面：一方面是规定村民的行为应该怎么做；另一方面则是规定村民违反和破坏规章制度的处罚条款，主要有进行教育、给予批评、作出书面检查等内容。实际上，村规民约是村民自我管理、自我教育、自我约束的行为规范，是村民自治的重要方式与手段，在一定程度上能够发挥维护社会秩序"第一道防线"的作用。

87 村规民约与法律发生冲突时怎么办？

村规民约与法律发生冲突时，应以法律为准。村规民约只是一种民间的规定，由于是村民自治，其约定得到了所有人的同意，自然对大家有约束力，在法律上是承认的。但是村规民约不能违反法律的规定，否则无效。法律的效力在某种情况下和村规民约是一样的，但是村规民约的制定不能违反法律条文和法律原则。我国法律适用的基本准则是"以事实为依据、以法律为准绳"，在有法律规定的情况下，应该以法律为准，如果没有法律规定，也可以参照村规民约来执行。

88 新的农村土地承包政策"两不变、一稳定"指的是什么?

为充分保障农民土地承包权益,进一步完善农村土地承包经营制度,推进实施乡村振兴战略,2019年11月,中共中央国务院印发了**《关于保持土地承包关系稳定并长久不变的意**

见**》(以下简称《意见》)。《意见》中明确了土地承包的**"两不变、一稳定"**政策。"两不变"指:保持土地集体所有、家庭承包经营的基本制度长久不变;保持农户依法承包集体土地的基本权利长久不变。"一稳定"指:保持农户承包地稳定。党的十九大提出,第二轮承包到期后再延长 30 年,这次《意见》又进一步做了明确。第二轮土地承包到期后再延长 30 年,农村土地承包关系从第一轮承包开始保持稳定长达 75 年,这是实行"长久不变"的重大举措,也是具体体现。

89 新的农村土地承包政策对进城农户的承包地有何规定？

根据《关于保持土地承包关系稳定并长久不变的意见》，现阶段不得以退出土地承包权作为农户进城落户的条件。对进城落户的农民，如果农民愿意，可以在自愿有偿的情况下，将承包地退还给集体，或者在集体成员内转让承包权。如果农民不愿意，就要保留承包权，允许其通过流转经营权或者代耕托管来实现土地收益。

进城农户是否放弃承包地，要尊重农民的意愿，不能搞强迫命令。要尊重农民的意愿和维护农民权益，把选择权交给农民，由农民选择，而不是代替农民选择。

90 农村土地买卖是否合法？

> 农村土地只可以转让，不能进行买卖

按照现行的法律，农村土地只可以转让，不能进行买卖。所以，**私下买卖土地是不合法的**。保护合法的土地流转行为，转让或者买卖土地承包经营权，也是流转的形式之一，但要依法转让。农村土地私下转让，签订的买卖协议合同是没有法律效力的。

依据《农村土地承包经营权流转管理办法》第十一条规定，承包方与受让方达成流转意向后，以转包、出租、互换或者其他方式流转的，承包方应当及时向发包方备案；以转让方式流转的，应当事先向发包方提出转让申请。

《最高人民法院关于审理涉及农村土地承包纠纷案件适用法律问题的解释》第十三条规定，承包方未经发包方同意，采取转让方式流转其土地承包经营权的，转让合同无效。但发包方无法定理由不同意或者拖延表态的除外。

依据《农村土地承包法》第三十二条规定，通过家庭承包取得的土地承包经营权可以依法采取转包、出租、互换、转让或者其他方式流转。

91 我国《民法典》规定的法定继承人的范围、继承顺序和遗产分配原则是什么？

法定继承是指在被继承人没有对其遗产处理立有遗嘱的情况下，由法律直接规定继承人的范围、继承顺序、遗产分配原则的一种继承形式。根据《中华人民共和国民法典》（以下简称《民法典》）第一千一百二十七条和第一千一百二十九条的规定，我国法定继承人的范围包括：配偶、子女、父母、兄弟姐妹、祖父母、外祖父母、对公婆尽了主要赡养义务的丧偶儿媳、对岳父母尽了主要赡养义务的丧偶女婿。

此外，根据《民法典》第一千一百二十八条的规定，被继承人的子女先于被继承人死亡的，由被继承人的子女的直系晚辈血亲代位继承。如果被继承人的兄弟姐妹先于被继承人死亡的，由被继承人的兄弟姐妹的子女代位继承。也就是说，我国《民法典》扩大了法定继承人范围，包括了被继承人外甥、侄儿等兄弟姐妹的子女。但是，值得注意的是，代位继承人一般只能继承被代位继承人有权继承的遗产份额。

在我国法定继承中，配偶、子女、父母是第一顺序继承人，兄弟姐妹、祖父母、外祖父母夫是第二顺序继承人。继承开始后，由第一顺序继承人继承，第二顺序继承人不继承；没有第一顺序继承人继承的，由第二顺序继承人继承。根据法律规定，尽了主要赡养义务的丧偶儿媳、丧偶女婿也应作为第一顺序继承人，那如何认定丧偶儿媳和丧偶女婿是否尽了主要赡养义务？依据相关司法解释的规定："对被继承人的生活提供了主要经济来源，或在劳务等方面给予了主要扶助的，应当认定其尽了主要赡养义务或主要扶养义务。"

根据《民法典》第一千一百三十条、一千一百三十一条和一千一百三十二条的规定，同一顺序继承人继承遗产的份额，一般应当均等。对生活有特殊困难又缺乏劳动能力的继承人，分配遗产时，应当予以照顾。对被继承人尽了主要扶养义务或者与被继承人共同生活的继承人，分配遗产时，可以多分。有扶养能力和有扶养条件的继承人，不尽扶养义务的，分配遗产时，应当不分或者少分。继承人协商同意的，也可以不均等。继承人应当本着互谅互让、和睦团结的精神，协商处理继承问题。遗产分割的时间、办法和份额，由继承人协商确定；协商不成的，可以由人民调解委员会调解或者向人民法院提起诉讼。

对继承人以外的依靠被继承人扶养的人，或者继承人以外的对被继承人扶养较多的人，可以分给适当的遗产，但他们不是继承人。

92 农村宅基地可以继承吗？

农村宅基地是农村村民用于建造住宅及其附属设施的集体建设用地，包括住房、附属用房和庭院等用地，不包括与宅基地相连的农业生产性用地、农户超出宅基地范围占用的空闲地等土地。根据**《中华人民共和国宪法》**和**《中华人民共和国土地管理法》**的规定，农村宅基地归本集体经济组织成员集体所有。宅基地与农村集体经济组织成员身份密切相连，农民无须缴纳任何土地费用即可取得，具有福利性质，因此不能继承。

农民在农村宅基地上建成的房屋则属于公民个人财产，可以依法继承。实际生活中，农民宅基地的继承问题可以分为下列情况：如果继承人是本集体经济组织成员，符合宅基地申请条件，可以经批准后取得被继承房屋的宅基地；如果不符合申请条件，则可以将房屋卖给本村其他符合申请条件的村民。如果不愿出卖，则该房屋不得翻建、改建、扩建，等到房屋处于不可居住状态时，宅基地由集体经济组织收回。农民的宅基地使用权可以依法由城镇户籍的子女继承并办理不动产登记。

93 什么是乡村德治？

所谓乡村德治，指通过提高广大农村居民的道德素质和强化道德的约束作用，将遵守社会秩序及行为规范变为一种自觉，从而达到乡村稳定和谐目的的一种乡村治理形式。德治的中心思想是通过道德教化让人心悦诚服，而不是靠严刑峻法来迫使人们敬畏。乡村是人情社会、熟人社会，而人情与道德、习俗相连，善加引导便可形成与法治相辅相成的德治。德治是强化乡村治理的基础。要将培育社会主义核心价值观和继承中华民族优良传统结合起来，有效发挥道德规范明导向、正民心、树新风的积极作用。

94 什么是农村"三务公开"制度？

农村"三务公开"制度，就是为了落实广大村民的知情权，要求农村**"党务、村务、财务"**公开的制度。

党务公开。 按照依法公开、真实可信的要求，凡是群众关心的党内政策、法规及热点问题，只要不涉及党内秘密，都要公开。公开内容包括党组织基本情况（任期目标、组织成员等）；基础党务工作情况（党组织议事决策制度、开展活动制度，党员党费收缴及使用、培养积极分子及发展党员、党员年度评议情况等）；日常活动情况（民情访谈、结对帮扶等）；重大事项通告（上级党组织的重大决策、重要决定，本级党组织的重大活动等）；党风廉政建设相关情况（两委干部执行廉洁自律规定的情况，党员干部违纪、违法处理等）。

村务公开。 凡涉及村民利益的大事和群众要求公开的事项，如村务决策、办理过程和办理结果等，都要公开。公开内容包括村委会任期规划、任期目标和年度工作计划；村民会议或村民代表会议决定及实施情况；村级一事一议等筹资、筹劳情况；村集体土地征用征收及补偿情况；各种农业补贴（种粮直接补贴）政策落实情况；村民的建议及意见反馈等。

财务公开。 要逐笔逐项地对财务收支等财务事项实行全方位公开，确保公开内容全面、详细、规范。公开的内容包括村民代表会议通过的年度财务收支情况；建设项目资金使用情况；财务收支情况，如出售和出租集体所有资产收入、集资款、土地补偿费、救急扶贫款、上级部门拨款、捐赠款物、其他收支等；各级投入的扶贫、农业开发等资金使用情况；农村低保、分散供养"五保"、优抚、救灾救济、农村征地补助、退耕还林还草等款物的发放情况；各级对村集体资产、资金审计情况等。

95 如何加强平安乡村建设？

平安乡村建设的重点就是提升当前农村社会治安综合治理能力。加强平安乡村建设，就是要推进农村社会治安防控体系建设，落实平安建设领导责任制，加强基础性制度、设施、平台建设。

（1）加强农村警务工作，大力推行"一村一辅警"机制，扎实开展智慧农村警务室建设。

（2）加强对社区矫正对象、刑满释放人员等特殊人群的服务管理。

（3）深入推进扫黑除恶专项斗争，健全防范打击长效机制。

（4）加强农民群众拒黄赌毒、防黄赌毒宣传教育，依法打击整治黄赌毒违法犯罪活动。

（5）依法加大对农村非法宗教活动、邪教活动打击力度，制止利用宗教、邪教干预农村公共事务，大力整治农村乱建宗教活动场所、滥塑宗教造像。

（6）推进农村地区技防系统建设，加强公共安全视频监控建设联网应用工作。

（7）健全农村公共安全体系，强化农村安全生产、防灾减灾救灾、食品、药品、交通、消防等安全管理责任。

生活富裕篇

96 为什么说乡村振兴首先要摆脱贫困？

乡村振兴的目标就是消除贫困、消除城乡差距、消除社会偏见，引导社会关注贫困群体，关注乡村发展，只有帮助广大农民摆脱贫困，才能调动农民的积极性，更好地为实施乡村振兴贡献力量。所以，**乡村振兴，首先要摆脱贫困，贫困群众不能落下，贫困乡村不能缺席。**打赢精准脱贫攻坚战，是我们党的庄严承诺，不仅对全面建成小康社会具有决定性意义，也是实现乡村振兴必须要打赢的一场硬仗。

97 什么是农民增收的"四驾马车"？

农民收入的构成包括经营性收入、工资性收入、财产性收入和转移性收入四个部分。也就是说，要想促进农民增收，就需要从这四个方面入手。

增加农民的**经营性收入**，就要紧紧围绕市场导向、政策导向和问题导向，通过优化农业内部结构、延长产业链条、完善营销体系、健全组织体系和服务体系、推进产业融合等多种渠道，拓宽农民经营性收入的渠道。

增加农民的**工资性收入**，不仅要依靠农民的转移就业，也要重视对本地企业的孵化和鼓励农民创业；不仅要依靠劳动力资源，更要注重劳动者素质和能力的提高；不仅要看到农民就业数字的光鲜，也要加强对农民工工资违法行为的监管。

增加农民的**财产性收入**，就是要通过加强深化农村产权制度改革，在农民土地权益以外，进一步赋予农民更多的财产权利和挖掘农民的财产收益潜力，切实增加农民的财产性收入。

增加农民的**转移性收入**，就是要不断增加各种政府对"三农"的补贴、提高社会保障水平、鼓励社会力量捐资捐物支持"三农"等。

98 新一轮农村集体产权制度改革的核心和目标是什么？

　　农村集体产权制度改革是针对当前存在的农村集体资产产权归属不清晰、权责不明确、保护不严格等问题采取的改革措施，是激发农村集体资产要素活力的重要举措，其核心是农村集体经营性资产的股份合作制改革，目标是建立起**"归属清晰、权能完整、流转顺畅、保护严格"**的现代农村产权关系，实现资源变资产、资金变股金、农民变股东，并以此明晰集体及其成员的资产权利，激发集体经营性资产的要素功能，增强集体经济发展活力和实力。我国自 2015 年部署开展新一轮农村集体产权制度改革以来，进展十分顺利。截至 2019 年 3 月底，全国超过 15 万个村完成了经营性资产股份合作制改革，确认集体成员超过 3 亿人，累计向农民股金分红约 3251 亿元。

99 怎样推进健康乡村建设?

"没有全民健康，就没有全面小康"，健康乡村建设是乡村振兴发展的重要内容，是全面建成小康社会的重要目标之一。具体来说，应该从以下几个方面下功夫。

（1）提高农民健康意识，主要是加强健康卫生知识的宣传、加强健康教育和健康促进，提高疾病防控知识水平，树立正确的健康理念。

（2）提高农村医护人员水平，主要是完善人才培养机制、建立医护人员下乡支援制度和加强村级卫生人员培训。

（3）加大农村医疗投入水平，主要是提高乡村公共卫生服务均等化水平和提高农村医疗设施水平。

（4）确保农村居民食品安全，主要是加大食品安全宣传力度和强化食品安全监管。

（5）加大农村生态治理力度，主要是完善农村生态治理设施及机制、加大农村生活环境的治理力度、改善农村生产环境质量、强化工业企业污染治理等。

100 应该养成怎样的健康生活方式？

社会进步和经济发展给人们带来了丰富的物质享受，但也改变着人们的饮食起居和生活习惯，与吸烟、酗酒、缺乏运动、膳食不合理等生活方式密切相关的高血脂、高血压、高血糖、肥胖等已成为影响我国人民健康的大敌。因此，健康的生活方式是身体健康的基础，对预防控制重大疾病有积极的促进作用。

合理膳食。 俗话说"病从口入"，很多的病都是吃出来的，所以平日生活中一定要注意饮食，吃的种类越多越好。多吃蔬菜、水果和薯类，鱼、蛋、肉类适量；清淡饮食，少吃油腻辛辣食物；以谷类为主，粗细搭配。

适量运动。 适量运动是针对运动量而言的，且因人而异。比如：在运动时心率不要超过自身正常心率的30%（正常人心率在60～90次/分，运动时心率在78～117次/分就可以了）。如果觉得这个计算起来很麻烦，也可凭感觉，比如感觉有些热，开始出汗了，就证明达到适量运动了。

合理膳食

心理平衡

健康的
生活方式

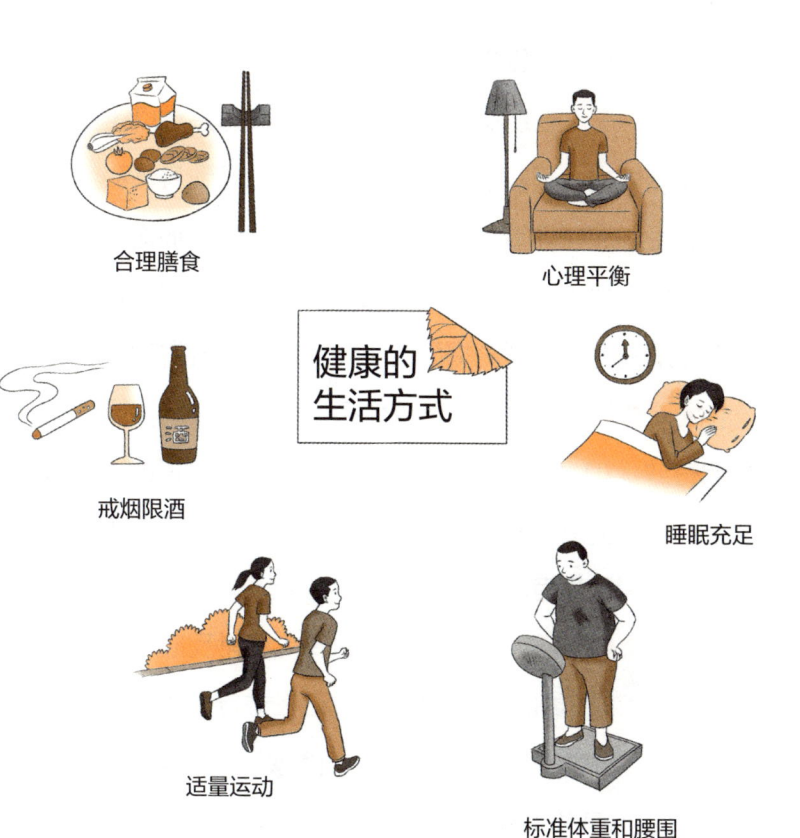

戒烟限酒

睡眠充足

适量运动

标准体重和腰围

戒烟限酒。烟草中的尼古丁是一种神经毒素，主要侵害人的神经系统，人体吸烟后神经肌肉反应的灵敏度和精确度均下降，同时吸烟易导致呼吸道疾病、心脑血管疾病、肺癌等，而且被动吸烟（吸二手烟）害处也很大。过量饮酒使神经系统从兴奋到高度的抑制，严重地破坏神经系统的正常功能，而且会损害肝脏，长期酗酒可能导致酒精性肝硬化。因此，应适量饮酒，且应避免空腹饮酒。

心理平衡。 在现实生活中不如意的事总是难以避免，如果不能泰然处之，很容易引起心理不平衡，导致身体和精神上的疾病发生，而且坏情绪易破坏人体免疫功能，加速人体衰老过程。所以，生活、工作中非原则问题无须过分纠结，要懂得欣赏自己所拥有的，时刻提醒自己要保持轻松愉悦的心情。

睡眠充足。 睡眠是消除身体疲劳的主要方式，好的睡眠不仅能有效保护大脑、加速体力恢复，还能增强机体的抵抗力、延缓衰老、促进长寿。同时，现代医学也常把睡眠作为一种治疗手段，帮助患者减轻痛苦。

保持体重和腰围。 人体健康的变化经常反应在体重上，过重或过轻都表示机体可能有潜在或正在进行中的健康问题。有研究表明，腰围粗的人发生猝死的概率要比正常人高出2倍多。目前通常用身体质量指数（BMI）来衡量肥胖，身体质量指数（BMI）= 体重（千克）÷ 身高^2（米^2）。中国标准BMI值是这么规定的，正常：18.5～23.9、超重：≥24、偏胖：24～27.9、肥胖：≥28。例如：一个人的身高为1.75米，体重为68千克，他的BMI=68/(1.75^2)=22.2（千克/米^2）。男性标准腰围 = 身高（厘米）÷ 2 - 11（厘米），女性标准腰围 = 身高（厘米）÷ 2 - 14（厘米）。

101 什么是传染病？其传播的基本环节是什么？

消化道传播

呼吸道传播

虫媒传播

血液、体液传播

接触传播

传染源

易感人群

　　传染病是由各种病原体引起的能在人与人、动物与动物或人与动物之间相互传播的一类疾病。每种传染病都由其特异的病原体引起，病原体中大部分为微生物（如病毒、细菌、支原体、衣原体及真菌等），小部分为寄生虫（如原虫、蠕虫等）。传染病能够传播和流行，必须具备三个基本环节，即传染源、传播途径和易感人群。若能完全切断其中的一个环节，即可防止该种传染病的发生和流行。

传染源指传染病的"源头",即体内有病原体,并且能排出病原体的人和动物。包括受感染的人或者动物,以及病原体携带者(体内有病原体,但没有临床症状)。

传播途径就像一座桥梁,连接着传染源和易感人群,它指病原体离开传染源到达另一个易感者的渠道。一种传染病的传播途径可以是一种,也可以有很多种。常见的传播途径包括呼吸道传播、消化道传播(食品、水源和食具)、接触传播(包括性接触)、虫媒传播,以及血液、体液传播等,这些方式都属于水平传播的范畴;而垂直传播是指婴儿在出生前就已经从母体获得的感染,病原体可通过胎盘、产道或哺乳由亲代传播给子代。

易感人群指对某种传染病的病原体缺乏免疫力而容易感染该病的人群。易感人群常指体质较弱或者免疫力相对低下的群体,但也会有些传染病对人群普遍易感。

102 针对传染病主要有哪些预防措施？

针对传染病流行的三个基本环节，以综合性防疫措施为基础，其主要预防措施有以下三条。

控制传染源。 这是预防传染病的最有效方式。对于人类传染源的传染病，需要及时将患者或病原携带者妥善安排在指定的隔离位置，暂时与人群隔离一定的周期，确诊患者积

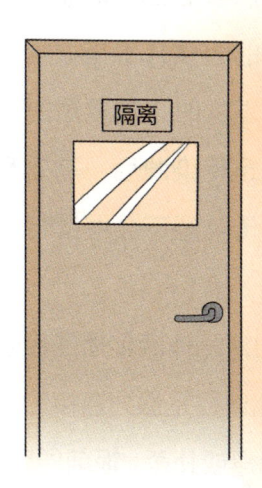

勤洗手

戴口罩

极进行治疗和护理,做到"早发现、早诊断、早隔离、早治疗",并对具有传染性的分泌物、排泄物和用具等进行必要的消毒处理,防止病原体向外扩散。如果是未知传染源,特别是来自动物的传染源,由于其确定需要流行病学的因果推断和从实验室检测结果上得到充分的证据,有的时候并不是很容易得到确切结果,尤其是突发急性传染病发生时,想要短时间内锁定传染源更是困难。不过,一旦确定传染源后,需要及时采取高效的措施控制传染源,以保证传染源不会继续将病原体向人群散播。

切断传播途径。对于通过消化道、血液和体液传播的传染病、虫媒传染病和寄生虫病等,切断传播途径是最为直接的预防方式。主要方式在于阻断传播媒介,消毒或扑杀,饭前便后、接触食品之前一定要彻底清洗双手；对于被病原体污染的食物或饮用水要进行丢弃或消毒处理；对于被病原体污染的房间或用具要进行充分的消毒；对于一次性的医疗用品在使用后要及时进行消毒或焚烧等无害化处理；在虫媒传染病传播季节采取防蚊、防虫措施等。通过呼吸道传播的传染病，比如新型冠状病毒引起的肺炎，最有效的防护方法是勤洗手、戴口罩、减少接触传染和飞沫传染、少去人员聚集的地方和公共场所。

保护易感人群。保护易感人群也是传染病预防的重要组成部分，而且往往是较为容易实现的预防方法。在传染病流行时，应当注意保护易感者，不要让易感者与传染源接触；针对已经有预防性疫苗的传染病，给易感人群接种疫苗是最为保险的方法，如婴儿在出生后进行的计划免疫，给传染科医生、护士，从事传染性疾病研究的科研人员和从事禽类养殖工作的人员等接种相应的疫苗。

103 什么是"新农合"?

"新农合"指新型农村合作医疗制度,是由政府组织、引导、支持,农民自愿参加,个人、集体和政府多方筹资,以大病统筹为主的农民医疗互助共济制度,是解决我国农民看病难问题的一项重大措施。"新农合"是农村社保的一种,只有农村户口才能办理,缴费按年度一次性缴清。报销范围有**门诊、住院、大病**三部分补偿。但对于五保户、低保户、特殊困难群体等家庭来说可以免交"新农合"费用,同时这类人群看病还能享受国家的兜底保障。

随着"新农合"保障制度的不断推进和完善,"新农合"的报销比例在不断提高,国家也将更多的疾病纳入免费救治范围,将更多的大病纳入大病救助范围,目的是降低农民的看病费用。2020年,"新农合"医保卡要更换成"社会保障卡",国家将在全国统一实施"城乡医保",可以跨省异地报销结算,同时还会实行城乡统一报销比例,统一报销项目,农村居民就

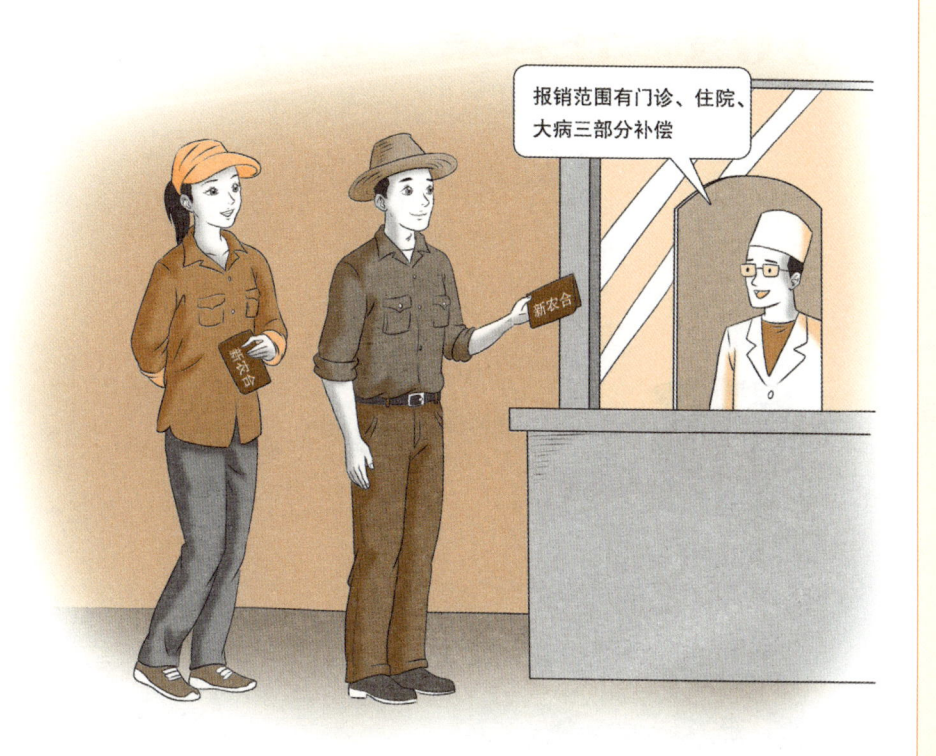

医时持社保卡就医实时结算，无须再先行垫付医药费。要提醒大家的是，**"新农合"对于广大农户来说是保障我们在日常生活中受到意外后的最基本的保障制度，**因此大家要积极参与，这样生病后可以减少因病致贫的风险。

104 什么是"新农保"?

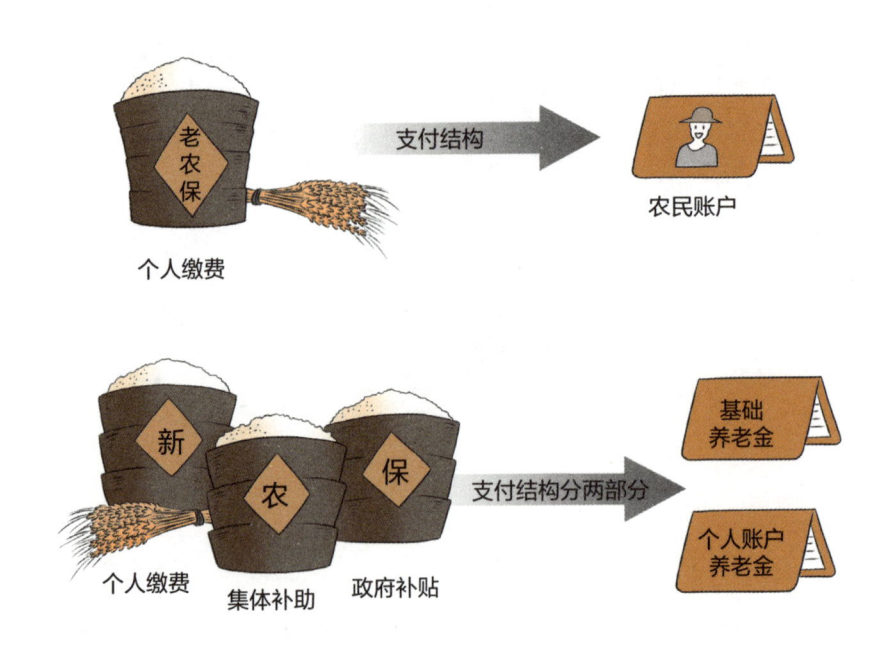

老农保

个人缴费 → 支付结构 → 农民账户

新农保

个人缴费　集体补助　政府补贴 → 支付结构分两部分 → 基础养老金 / 个人账户养老金

"新农保"是新型农村社会养老保险制度，是以保障农村居民年老时的基本生活为目的，采用个人缴费、集体补助、政府补贴相结合的筹资模式，由政府组织实施的一项社会养老保险制度。之所以被称为"新农保"，是相对于以前各地开展的农村养老保险（简称"老农保"）而言的。过去的"老农保"主要是农民个人缴费，实际上是一种自我储蓄的模式，而"新农保"最大的特点是采取个人缴费、集体补助和政府补贴相结合的模式，有三个筹资渠道。

　　"新农保"规定，年满16周岁（不含在校学生）、未参加城镇职工基本养老保险的农村居民，可以在户籍地自愿参加"新农保"。已年满60周岁、未享受城镇职工基本养老保险待遇的，不用缴新型农村社会养老保险费，可以按月领取基础养老金，但其符合参保条件的子女应当参保缴费；距领取年龄不足15年的，应按年缴费，也允许补缴，累计缴费不超过15年；距领取年龄超过15年的，应按年缴费，累计缴费不少于15年。

105 什么是农村"低保"制度?

农村"低保"制度就是农村最低生活保障制度，是政府对家庭年人均纯收入低于当地最低生活保障标准的农村困难居民，按最低生活保障标准给予差额救助的新型社会救助制度。

农村最低生活保障对象主要是因病残、年老体弱、丧失劳动能力，以及生存条件恶劣等原因造成生活常年困难的农村居民。通常有两种情况：一是无生活来源、无劳动能力、无法定赡养人或抚养人（"三无"人员），每人每月按低保标准全额享受。二是有一定收入的农村居民家庭，按照其家庭成员月人均收入低于低保标准的差额享受。补差额（简称"低保金"）的计算方法是：（当地最低生活保障标准－家庭年人均收入）×家庭人口数。农村"低保金"按月或按季度发放。